U0851329

走遍拉萨·300句

随着西藏的旅游业蓬勃发展，在这样的契机下，西藏的传统文化、民风民俗以及自然景观吸引着来自全国各地的宾朋，其中，有那么一群人深深地被西藏独特的人文、自然景观所吸引，极其渴望更深入地了解西藏的人、自然和文化，同时，一群群的兄弟民族干部为了更好地参与建设新西藏，并能够与基层藏族同胞进行深入交流，需要轻松掌握藏语交流能力。为了满足广大藏语口语初学者的需求，本人尽最大努力发挥积累多年的第二语言教学的实践经验，编写了《走遍拉萨·300句》。在内容设置上精选了实用性较强的句子和具备举一反三规律的句型，由简入繁，以循序渐进的方法，使初学藏语的学生可以即学即用，轻松地进行简单的生活用语对话。

本书中虽然对藏语的发音标注了最接近的汉文谐音，但是，发音和语态等方面仍然与汉文谐音存在较大差距，因此，仅作为做参考和发音提示，相对准确的发音必须在现实生活中不断地学习。

目　录

བོད་ཡིག་གི་གསལ་བྱེད་སུམ་ཅུ་ངོ་སྤྲོད།

藏文字母简介

藏文创始于公元七世纪左右，具有 1300 多年历史的拼音文字，它有三十个字母，三个上加字，四个下加字，还有五个前加字，十个后加字以及两个再后加字。

藏文的三十个字母按照藏语文的音调强弱规律，每四个字为一组，共有七组半，每组一般由强到弱序列固定。藏文辅音字母都可以单成音节。写法如下：

ཀ་ཁ་ག་ང་།	ཅ་ཆ་ཇ་ཉ།	ཏ་ཐ་ད་ན།	པ་ཕ་བ་མ།
ཙ་ཚ་ཛ་ཝ	ཞ་ཟ་འ་ཡ།	ར་ལ་ཤ་ས།	ཧ་ཨ།

དང་པོ། འཚམ་འདྲི།

一 问候语

ཚིག་གསར། 词汇

ང（阿）我	ང་ཚོ（阿措）我们	ཁྱེད་རང（漆让）您
ཁྱེད་རང་ཚོ（漆让措）您们	ཁོང（空）他，她	
ཁོང་ཚོ（空措）他、她们		

ཚིག་གྲུབ། 句子（藏文句子、汉文谐音、汉文翻译）

སྐུ་ཁམས་བཟང་།（故康桑）您好！

བཀྲ་ཤིས་བདེ་ལེགས།（扎西德勒！）（您）吉祥！

ཁྱེད་རང་བདེ་པོ་ཡིན་པས།（漆让 抵布 银贝？）您好吗？

མ་མཇལ་ཡུན་རིང་། ཁྱེད་རང་བདེ་པོ་ཡིན་པས།
（玛杰云认 漆让 抵布 银贝）很久不见！您好吗？

ཁྱེད་རང་བདེ་པོ་མིན་འདུག་ན་སྨན་ཁང་ལ་ཕེབས་དགོས་རེད།
（漆让 抵布 民度那 面康拉 配郭日）您不舒服的话要去医院。

གཉིས་པ། ངོ་སྤྲོད།
二　介绍语

ཚིག་གསར། 词汇

ངའི（哎）我的	ཁྱེད་རང་གི（漆让楷）您的
ཁོང་གི（空楷）他的，她的	མིང（名）名
མཚན（参）名（敬语）	ཟེར（塞）叫

ཚིག་གྲུབ། 句子　（藏文句子、汉文谐音、汉文翻译）

རང་གི་མིང་ལ་ག་རེ་ཟེར་གྱི་ཡོད།

（嚷楷　名拉　卡日　塞楷跃）你叫什么名字？

ཁྱེད་རང་གི་མཚན་ལ་ག་རེ་ཞུ་གི་ཡོད།

（漆让楷　参拉　卡日　修楷跃）您叫什么名字？

ངའི་མིང་ལ་ལིའི་ཐའོ་ཟེར་གྱི་ཡོད།

（哎名拉　李涛　塞楷跃）我的名字叫李涛。

ང་རྒྱ་རིགས་ཡིན།（阿　甲日银）我是汉族。

ང་ཡུལ་སྐོར་བ་ཡིན།（阿 于郭瓦 银）我是游客。

ཁྱེད་རང་ག་ནས་ཡིན།（漆让 喀内银）您是哪里的？

ང་པེ་ཅིན་ནས་ཡིན།（阿   北京内 银）我是北京的。

ང་ཚོ་མི་མང་པོ་ཡོད།（阿措 弥 忙布 跃）我们人很多。

ཁོང་སུ་རེད།（空 苏日）他/她是谁？

ཁོང་ངའི་གྲོགས་པོ་/གྲོགས་མོ་རེད།

（空唉 戳布/戳木 日）他/她是我的朋友。

ཁོང་ང་ཚོའི་སྣེ་ཤན་པ་རེད།

（空 阿催 呢先巴 日）他/她是我们的导游。

ཁོང་ང་ཚོའི་ཁ་ལོ་བ་རེད།

（空 阿催 卡落瓦 日）他是我们的驾驶员。

གསུམ་པ།　　གྲངས་ངོ་སྤྲོད།

三　数字介绍

གཅིག（季）一　གཉིས（腻）二　གསུམ（松）三　བཞི（习）四

ལྔ（啊）五　　དྲུག（楚）六　བདུན（敦）七　བརྒྱད（杰）八

དགུ（鼓）九　　བཅུ（旧）　བཅུ་གཅིག（旧季）十一

བཅུ་གཉིས（旧腻）十二　　བཅུ་གསུམ（旧松）十三

བཅུ་བཞི（旧希）十四　བཅོ་ལྔ（旧啊）十五　བཅུ་དྲུག（旧楚）十六

བཅུ་བདུན（旧敦）十七　བཅོ་བརྒྱད（旧杰）十八

བཅུ་དགུ（旧鼓）十九　ཉི་ཤུ（尼秀）

ཉི་ཤུ་རྩ་གཅིག（尼秀杂季）二十一	སུམ་ཅུ（松旧索）三十
ཉི་ཤུ་རྩ་གཉིས（尼秀杂腻）二十二	སུམ་ཅུ་སོ་གཅིག（松旧索季）三十一
ཉི་ཤུ་རྩ་གསུམ（尼秀杂松）二十三	སུམ་ཅུ་སོ་གཉིས（松旧索腻）三十二
ཉི་ཤུ་རྩ་བཞི（尼秀杂希）二十四	སུམ་ཅུ་སོ་གསུམ（松旧索松）三十三
ཉི་ཤུ་རྩ་ལྔ（尼秀杂啊）二十五	སུམ་ཅུ་སོ་བཞི（松旧索希）三十四
ཉི་ཤུ་རྩ་དྲུག（尼秀杂楚）二十六	སུམ་ཅུ་སོ་ལྔ（松旧索啊）三十五
ཉི་ཤུ་རྩ་བདུན（尼秀杂敦）二十七	སུམ་ཅུ་སོ་དྲུག（松旧索楚）三十六
ཉི་ཤུ་རྩ་བརྒྱད（尼秀杂杰）二十八	སུམ་ཅུ་སོ་བདུན（松旧索敦）三十七
ཉི་ཤུ་རྩ་དགུ（尼秀杂鼓）二十九	སུམ་ཅུ་སོ་བརྒྱད（松旧索杰）三十八
	སུམ་ཅུ་སོ་དགུ（松旧索鼓）三十九

བཞི་བཅུ（习旧）四十	ལྔ་བཅུ（啊旧）五十
བཞི་བཅུ་ཞེ་གཅིག（习旧席季）四十一	ལྔ་བཅུ་ང་གཅིག（啊旧阿季）五十一
བཞི་བཅུ་ཞེ་གཉིས（习旧席腻）四十二	ལྔ་བཅུ་ང་གཉིས（啊旧阿腻）五十二
བཞི་བཅུ་ཞེ་གསུམ（习旧席松）四十三	ལྔ་བཅུ་ང་གསུམ（啊旧阿松）五十三
བཞི་བཅུ་ཞེ་བཞི（习旧席希）四十四	ལྔ་བཅུ་ང་བཞི（啊旧阿希）五十四
བཞི་བཅུ་ཞེ་ལྔ（习旧席啊）四十五	ལྔ་བཅུ་ང་ལྔ（啊旧阿啊）五十五
བཞི་བཅུ་ཞེ་དྲུག（习旧席楚）四十六	ལྔ་བཅུ་ང་དྲུག（啊旧阿楚）五十六
བཞི་བཅུ་ཞེ་བདུན（习旧席敦）四十七	ལྔ་བཅུ་ང་བདུན（啊旧阿敦）五十七
བཞི་བཅུ་ཞེ་བརྒྱད（习旧席杰）四十八	ལྔ་བཅུ་ང་བརྒྱད（啊旧阿杰）五十八
བཞི་བཅུ་ཞེ་དགུ（习旧席鼓）四十九	ལྔ་བཅུ་ང་དགུ（啊旧阿鼓）五十九

ཚིག་གྲུབ། 句子（藏文句子、汉文谐音、汉文翻译）

ཁྱེད་རང་ལ་སྨྱུ་གུ་ག་ཚོད་ཡོད།

（漆让拉 补库 卡粹跃）您有几个小孩？

ང་ལ་སྨྱུ་གུ་གཅིག་ཡོད།（阿拉 布库季 跃）我有一个小孩。

ཁྱེད་རང་ལོ་ག་ཚོད་ཡིན།（漆让 罗 卡粹银）您几岁啦？

ང་ལོ་ཉི་ཤུ་ཡིན།（阿 罗 尼秀银）我二十。

ཁོང་ལོ་སུམ་ཅུ་སོ་གཅིག་རེད།

（空 罗 松旧索季日）他／她三十一。

ང་ཚོའི་ཚོགས་པ་ལ་མི་བཅོ་ལྔ་ཡོད།

（阿催 措巴拉 弥旧啊 跃）我们团有十五个人。

ང་ལ་སྒྲོ་ཕད་ཆེན་པོ་གཉིས་ཡོད།

（阿拉 多派沁布 腻跃）我有两个大包。

བཞི་པ། དུས་ཚོད།

四 时间

ཚིག་གསར། 词汇

ཆུ་ཚོད（秋粹）小时	སྐར་མ（噶嘛）分钟
དང་པོ（堂布）第一	གཉིས་པ（腻巴）第二
གསུམ་པ（松巴）第三	བཞི་པ（习巴）第四
ལྔ་པ（啊巴）第五	དྲུག་པ（楚巴）第六
ཕྱེད་ཀ（切噶）一半	ཡོལ་ནས（于内）过
ཟིན་པར（森巴）到	ཏག་ཏག（搭搭）整，刚好
དེ་རིང（体仁）今天	ཁ་ས（喀萨）昨天
སང་ཉིན（桑您）明天	གཟའ་འཁོར（洒阔）星期
ཞོགས་པ（穴巴）早上	ཉིན་གུང（您空）中午
ཕྱི་དྲོ（七绰）下午	དགོང་མོ（巩膜）晚上
དཔྱིད་ཀ（机嘎）春天	དབྱར་ཁ（压喀）夏天
སྟོན་ཀ（吨嘎）秋天	དགུན་ཁ（滚喀）冬天

གཟའ་洒

- ཉི་མ （尼玛） 星期天
- ཟླ་བ （达瓦） 星期一
- མིག་དམར （米玛） 星期二
- ལྷག་པ （拉巴） 星期三
- ཕུར་བུ （普布） 星期四
- པ་སངས （巴桑） 星期五
- སྤེན་པ （边巴） 星期六

ཚིག་གྲུབ། 句子 （藏文句子、汉文谐音、汉文翻译）

ཆུ་ཚོད་དང་པོ།（秋粹 堂布）一点钟。

ཆུ་ཚོད་གཉིས་པ།（秋粹 腻巴）两点钟。

ཆུ་ཚོད་གསུམ་པ།（秋粹 松巴）三点钟。

ད་ལྟ་ཆུ་ཚོད་ག་ཚོད་རེད།

（塔大 秋粹 卡粹日）现在几点了？

ཆུ་ཚོད་བཞི་པ་ཡོལ་ནས་སྐར་མ་བདུན་རེད།

（秋粹 习巴于内 噶嘛 敦日）四点过七分。

ཆུ་ཚོད་དང་པོ་དང་ཕྱེད་ཀ（秋粹 堂布堂期嘎）一点半。

ཆུ་ཚོད་གསུམ་པ་ཏག་ཏག（秋粹 松巴 搭搭） 三点整。

ཆུ་ཚོད་ག་ཚོད་ལ་ཁ་ལག་གཏོང་གི་རེད།

（秋粹 卡粹拉 喀辣· 东楷日）几点钟开饭？

ཆུ་ཚོད་དང་པོ་ལ་ཁ་ལག་གཏོང་གི་རེད།

（秋粹 堂布拉 喀辣· 东楷日）一点钟开饭。

ཆུ་ཚོད་དགུ་པ་ལ་ཚོང་ཁང་སྒོ་ཕྱེ་གི་རེད།

（秋粹 鼓巴拉 喀辣 东楷日）商店九点钟开门。

དེ་རིང་གཟའ་ག་རེ་རེད།（体仁 洒 卡日 日） 今天是星期几？

དེ་རིང་གཟའ་ཕུར་བུ་རེད།（体仁 洒普布 日） 今天是星期四。

ཁ་སང་གཟའ་ག་རེ་རེད།（喀萨 洒 卡日 日） 昨天是星期几？

ཁ་སང་གཟའ་ལྷག་པ་རེད།（喀萨 洒拉巴 日） 昨天是星期三。

སང་ཉིན་གཟའ་ག་རེ་རེད།（桑您 洒 卡日 日） 明天是星期几？

སང་ཉིན་གཟའ་པ་སངས་རེད།（桑您 洒巴桑 日） 明天是星期五。

གཟའ་འཁོར……（洒扩 ……）……周

གཟའ་འཁོར་གཅིག（洒扩 季）一周

གཟའ་འཁོར་གཉིས།（洒扩 腻）两周

གཟའ་འཁོར་གསུམ།（洒扩 松）三周

～～～～～～～～～～～～～～～～～～～～～～～～～～～～～～～～～～～

ཞོགས་ཟས་བཟས་པས།（穴腮 腮贝？）吃早饭了吗？

ཉིན་གུང་ཁ་ལག་ཡོད་རེད་པས།（您空 喀拉 跃日贝）有中午饭吗？

དགོང་མོ་གློག་ཡོད་རེད་པས།（巩膜 落 跃日贝）晚上有电吗？

ལྷ་ས་ལ་དབྱར་ཁ་ཉི་མ་ཚ་པོ་འདུག

（拉萨拉 压喀 尼玛 擦布读）拉萨夏天紫外线很强。

དགུན་ཁ་གནམ་གཤིས་གྲང་མོ་འདུག

（滚喀 囊细 长末读）冬天天气很冷。

སྟོན་ཁ་ཞིང་པ་ཚོ་བྲེལ་བ་ཆ་པོ་ཡོད་རེད།

（吨嘎 行巴措 尺瓦擦布 跃日）秋天农民们很忙。

དཔྱིད་ཀ་གནམ་གཤིས་སྐྱིད་པོ་འདུག

（机嘎 囊细 及布读）春天天气舒服。

ལྔ་པ། ཟླ་ཚེས།
五 日期

ཚིག་གསར། 词汇 （藏文、汉文谐音、汉文翻译）

ལོ（罗）年份、年龄　　ཟླ་བ（达瓦）月份、月亮

ཚེས་པ（次巴）日、号　　ལོ་འགོ（罗果）年初、岁首

ལོ་མཇུག（罗久）年底、年终　　ལོ་ཕྱེད（罗气）半年

ལོ་སྟོད（罗对）上半年　　ལོ་སྨད（罗灭）下半年

ལོ་ཧྲིལ་པོ（罗师 布）全年　　ད་ལོ（塔罗）今年

དུས་སང（腿桑）明年　　ཟླ་ཉིན（达您）去年

ཟླ་བཤོལ་ཡོད་པའི་ལོ（达学跃杯罗）闰年

ཟླ་བ་དང་པོ（达瓦堂布）正月、元月

ཟླ་བ་གཉིས་པ（达瓦腻巴）二月

ཟླ་བ་གསུམ་པ（达瓦松巴）三月

ཟླ་འགོ（达果）月初　　ཟླ་སྟོད（达对）上旬

ཟླ་དཀྱིལ（达及）中旬　　ཟླ་སྨད（达灭）下旬

ཟླ་མཇུག（达久）月末　　　　ཟླ་བཤོལ（达学）闰月

～～～～～～～～～～～～～～～～～～～～～～～～～～～～～～～～～～

ཚིག་གྲུབ། 句子 （藏文句子、汉文谐音、汉文翻译）

ད་ལྟ་ཟླ་བ་ག་ཚོད་རེད།（塔大 达瓦 卡粹日）现在是几月份?

ད་ལྟ་ཟླ་བ་བདུན་པ་རེད།（塔大 达瓦 敦巴日）现在是七月份。

ད་ལྟ་ཟླ་བ……　རེད།（塔大 达瓦……　日）现在是……月份。

～～～～～～～～～～～～～～～～～～～～～～～～～～～～～～～～～～

དེ་རིང་ཚེས་པ་ག་ཚོད་རེད།（体仁 次巴 卡粹日）今天是几号?

དེ་རིང་ཚེས་པ་གསུམ་རེད།（体仁 次巴 松日）今天是三号。

དེ་རིང་ཚེས་པ……རེད།（体仁 次巴……日）今天是……号。

～～～～～～～～～～～～～～～～～～～～～～～～～～～～～～～～～～

ང་ཟླ་བ་དགུ་པའི་ཚེས་པ་གཅིག་ལ་བོད་ལ་སླེབས་པ་ཡིན།

（阿　达瓦 鼓杯 次巴季拉　陪拉 类巴银）我是九月一号到西藏的。

ང་ལྷ་ས་ལ་ཟླ་བ་གཅིག་བསྡད་ཀྱི་ཡིན།

（阿　拉萨拉　达瓦季 叠给银）我要在拉萨呆一个月。

ང་ལྷ་ས་ལ་གཟའ་འཁོར་གཅིག་བསྡད་ཀྱི་ཡིན།

（阿　拉萨拉　洒阔季 叠给银）我要在拉萨呆一星期。

ང་ལྷ་ས་ལ་ཉིན་མ་ཁ་ཤས་བསྡད་ཀྱི་ཡིན།

（阿　拉萨拉　您玛 喀谢 叠给银）我要在拉萨呆些天。

གཟའ་འཁོར་གཅིག་གི་རྗེས་ལ་ཕ་ཡུལ་ལ་ལོག་གི་ཡིན།

（洒扩 季楷 节拉 趴于拉 萝楷银）一周后回老家。

ང་སང་ཉིན་ལོག་གི་ཡིན།

（阿 桑您 落楷银）明天我要回去了。

དུས་སང་ང་ཡང་བསྐྱར་ལྷ་སར་ལ་ཡོང་གི་ཡིན།

（腿桑阿 养加拉萨拉 永楷银）明年我再来拉萨。

དྲུག་པ། ཉོ་ཆ་རྒྱག་པ།
六 购物

ཚིག་གསར། 词汇 （藏文、汉文谐音、汉文翻译）

བོད་ཆས（陪切）藏装 བོད་ཆས་ཆ་ཚང（陪切 洽仓）一套藏装

ཕྱུ་པ（丘巴）藏袍 འོག་འཇུག（我就）衬衫

བུ་མོའི་འོག་འཇུག（普每 我就）女式衬衫

བུའི་འོག་འཇུག（普 我就）男式衬衫

སྐེ་ཕྲུག（给处）项链 སྒྲོག་དུང（拙通）手镯

ཚིགས་ཁོག（兹括）戒指 གཡུ（玉）绿松石

བྱུ་རུ（求如）珊瑚 གཟི（斯）九眼石

སྤོས（倍）香 རྒྱ་གར་གྱི་སྤོས（嘉喀给倍）印度香

བོད་ཀྱི་སྤོས（陪给倍）藏香 སྤོས་གཞོང（倍兄）香坛

སྨན（免）药 བོད་སྨན（陪免）藏药

ཁ་བཏགས（喀哒）哈达 ལག་རྟགས（拉大）礼物

གཡག་ཤ་སྐམ་པོ（亚夏 刚布）风干牛肉

ཕྱུ་ར་སྐམ་པོ（秋热刚布）干奶渣

དབྱར་རྩྭ་དགུན་འབུ（呀杂 滚补）冬虫夏草

ཁ་ཆེ་ཤ་སྐམ（喀其 夏刚）藏红花

སྲོ་ལོ་དམར་པོ（缩落 吗布） 红景天

གངས་ལྷ་མེ་ཏོག（扛拉 梅朵）雪莲花　　ཁ་གདན（喀典）卡垫

ཐང་ཀ（汤喀）塘卡　　འབག（拔）面具

སྐུ་འདྲ（估扎）佛像　　བོད་གྲི（陪尺）藏刀

བོད་ཤོག（陪绣）藏纸　　བོད་ཁྱི（陪期）藏獒

ཁ་རས（喀热）口罩　　ཞྭ་མོ（霞末）帽子

ཉི་གདུགས（你度）太阳伞　　ཡང་རླུང（氧龙）氧气

~~~~~~

གོང་ཚད་/གོང（孔/孔菜）价格/价钱　　ག་ཚོད（卡粹）多少

གོང་མཐོ་དྲགས（孔 唾查）价格太贵　　གོང་ཁེ་པོ（孔 可布）便宜

ཡང་རིག（养第）　　ངོ་མ（噢玛）真的

~~~~~~

ཚིག་གྲུབ། 句子 （藏文句子、汉文谐音、汉文翻译）

……… བཙོང་ས་ག་པར་ཡོད་རེད།

（……… 宗萨 卡巴 跃日）在哪儿有卖………？

བོད་ཆས་བཙོང་ས་ག་པར་ཡོད་རེད།

（陪切 宗萨 卡巴 跃日）在哪儿有卖藏装？

………གཅིག་ལ་གོང་ག་ཚོད་རེད།

（……… 季拉　孔 卡粹日）一件（个）………多少钱？

བོད་ཆས་ཆ་ཚང་གཅིག་ལ་གོང་ག་ཚོད་རེད།

（陪切 洽仓 季拉　孔 卡粹日）一套藏装多少钱？

ཕྱུ་པ་གཅིག་ལ་གོང་ག་ཚོད་རེད།

（丘巴 季拉　孔 卡粹日）一件藏袍多少钱？

གོང་མཐོ་དྲགས་ཤག　ཡང་ཏིག་ཡོད་རེད་པས།

（孔 唾查下，养第 跃日贝）价格太贵，能便宜点吗？

འདི་ཆེ་དྲགས་ཤག　ཆུང་བ་ཡོད་རེད་པས།

（抵 其查下，　琼瓦 跃日贝）这个太大了，有小的吗？

འདི་ཆུང་དྲགས་ཤག　ཆེ་བ་ཡོད་རེད་པས།

（抵 琼查下 ，其瓦 跃日贝）这个太小了，有大的吗？

འདི་རིང་དྲགས་ཤག　ཐུང་བ་ཡོད་རེད་པས།

（抵 仁查下，　通瓦 跃日贝）这个太长了，有短的吗？

འདི་ཐུང་དྲགས་ཤག　རིང་བ་ཡོད་རེད་པས།

（抵 通查下，仁瓦 跃日贝）这个太短了，有长的吗？

འདི་སྙིང་རྗེ་པོ་འདུག　ཡིན་ནའི་ཚོས་གཞི་ཡག་པོ་མིན་འདུག

（抵 宁杰步读，引内 催洗 哑步民读）这个好看，但是颜色不好。

ཚོས་གཞི་གཞན་དག་ཡོད་རེད་པས།

（催洗 闲踏 跃日贝）有其它颜色吗？

བཟོ་ལྟ་གཞན་དག་ཡོད་རེད་པས།

（所大 闲踏 跃日贝）有其它样式吗？

གཞན་དག་ཡོད་རེད་པས།

（闲踏 跃日贝）有其它样的吗？

~~~~~~

ང་ལྷ་ས་ལ་སླེབས་པ་ད་ག་ཡིན།

（阿 拉萨拉 类巴 它卡银）我刚从内地到拉萨

ང་བདེ་པོ་རང་མིན་འདུག

（阿 叠布嚷 民读）我有点不舒服。

ཡང་རླུང་བཙོང་ས་ག་པར་ཡོད་རེད།

（氧龙 宗萨 喀吧 跃日）哪儿有卖氧气的？

ང་ད་ལྟ་མགོ་བོ་ཧིད་ཙ་ན་གིས།

（阿 塔大 果 迪杂 那给）我的头有点疼

སྨན་ཉོ་ས་ག་པར་ཡོད་རེད།（免 纽萨 喀吧 跃日？）哪儿可以买药。

~~~~~~

ང་ཉོ་གི་ཡིན།（阿 纽楷银）我要买。

ཐུགས་རྗེ་ཆེ། ང་ཉོ་གི་མིན།（突击其 纽楷免）谢谢！我不买。

གཞན་དག་ཡོད་པས།（闲踏 跃贝）还有其它的吗？

ང་འདི་ལ་དགའ་པོ་ཡོད། （阿 抵拉 嘎布跃）我喜欢这个。

ང་འདི་ལ་དགའ་པོ་མེད། （阿 抵拉 嘎布灭）我不喜欢这个。

ང་ཅ་ལག་མང་པོ་ཉོས་པ་ཡིན།

（阿 加辣芒布 虐巴银）我买了很多东西。

བདུན་པ། ཁ་ལག་ཟ་བ།

七 用餐

ཚིག་གསར། 生词 （藏文、汉文谐音、汉文翻译）

ཟ་ཡག（洒业）吃的

བོད་ཟས 陪塞）藏餐

རྒྱ་ཟས་（甲塞）中餐

ཞོགས་ཟས（穴塞）早餐

ཉིན་གུང་ཁ་ལག（您空 喀拉）午餐

དགོང་ཟས（巩塞）晚餐

དཀར་ཟས（嘎塞）素食

སི་པན（丝边）辣椒

སྒོག་པ（果巴）大蒜

ཚགས་ཤ（擦夏）牦牛肉

ཕག་ཤ（趴夏）猪肉

ལུག་ཤ（鲁夏）羊肉

བྱ་ཤ（洽夏）鸡肉

ཉ་ཤ（你阿 夏）鱼肉

སི་པན（丝边）辣椒

སྔོ་ཚལ（喔菜）蔬菜

བོད་ཐུག（陪突）藏面

རྩམ་པ（糌粑）糌粑

ཚགས་ཤ་ལ་སྒོར（擦夏拉果）萝卜炖牛肉

ལུག་ཤ་རྡོག་བཙོས（鲁夏朵最）炖羊肉

ཤ་འབྲས（夏债）咖喱土豆饭迟

ཤ་མོག་མོག（夏馍馍）肉包子

ཤ་བག་ལེབ（夏 爬雷）肉饼 ཕྱུ་ར་བག་ལེབ（秋惹 爬雷）奶渣饼

འཐུང་ཡས（通业）喝的　　ཇ་མངར་མོ（洽 阿摸）甜茶

ཇ་སྲུབ་མ（洽 苏玛）酥油茶　ཆུ（秋）水

ཆུ་འཁོལ（秋亏）开水　　ཆང（羌）青稞酒

སྦྲི་རག་（比热）啤酒　　ཨ་རག（阿热）白酒

~~~~~~~~~~~~~~~~~~~~~~~~~~~~~~~~~~~~~~

ཚིག་གྲུབ། 句子 （藏文句子、汉文谐音、汉文翻译）

ང་གྲོད་ཁོག་ལྟོགས་ཀྱི་འདུག（阿 垂扩 多给读）我肚子饿了。

………ག་པར་ཡོད་རེད།（………卡巴 跃日）哪儿有………?

བོད་ཟས་ཟ་ཁང་ག་པར་ཡོད་རེད།
（陪塞 洒康 卡巴 跃日）哪儿有藏餐馆?

རྒྱ་ཟས་ཟ་ཁང་ག་པར་ཡོད་རེད།
（甲塞 洒康 卡巴 跃日）哪儿有中餐馆?

ཟ་ཡག་ག་རེ་ག་རེ་ཡོད་རེད།（洒业 卡日 跃日）有什么吃的?

ཞོགས་ཟས་ག་རེ་ཡོད་རེད།（穴塞 卡日 跃日）有什么早餐?

དགོང་ཟས་ག་རེ་ཡོད་རེད།（巩塞 卡日 跃日）有什么晚餐?

བོད་ཐུག་ཕོར་པ་གཅིག་ལ་ག་ཚོད་རེད།
（陪突 坡巴 季拉 卡粹日）一碗藏面多少钱?
~~~~~~~~~~~~~~~~~~~~~~~~~~~~~~~~~~~~~~

ང་ལ་བོད་ཐུག་ཕོར་པ་གཅིག་དང་ཇ་མངར་མོ་གཅིག་དམ་གཅིག་དགོས།

（阿拉 陪突 坡巴 季堂 洽阿摸 吉当季 郭）我要一碗藏面和一磅甜茶。

ང་ལ་ཤ་འབྲས་གཅིག་དགོས། སི་པན་ཞེ་དྲག་མི་དགོས།

（阿拉 夏债 季郭 ，丝边 洗查 摸郭）我要一个咖喱土豆饭，不要太多辣椒。

ང་ཤ་ཟ་གི་མེད། དཀར་ཟས་ཡོད་རེད་པས།

（阿 夏 洒给没，嘎塞 跃日贝）我不吃肉，有素食吗？

ང་ཁ་ལག་ཁ་ཚ་པོ་ལ་དགའ་པོ་མེད།

（阿喀辣 喀擦布拉 嘎布灭）我不喜欢吃辣的。

ང་ཕག་ཤ་ལ་དགའ་པོ་ཡོད།（阿 趴夏拉 嘎布跃）我喜欢吃猪肉。

ཤ་མོག་མོག་འདི་ཚགས་ཤ་རེད་པས།

（夏 馍馍抵 擦夏 日贝）这包子是牦牛肉的吗？

ཁ་ལག་འདི་ཞིམ་པོ་འདུག（喀辣抵 欣布 读）这饭好吃。

ཁ་ལག་འདི་ཞིམ་པོ་མིན་འདུག（喀辣抵 欣布 民读）这饭不好吃。

ཁ་ལག་འདི་ལ་ཚྭ་མང་དྲགས་ཤག

（喀辣抵拉 嚓芒查下）这饭盐太多了。

རྩིས་རྒྱག་རོགས། ག་ཚོད་རེད།

（自甲若 卡粹日） 埋单，多少（钱）？

པ་སེ་ཡོད་རེད་པས། （巴丝 跃日贝）有发票吗？

བརྒྱད་པ། གནམ་གཤིས།
八 天气

ཚིག་གསར། 生词 （藏文、汉文谐音、汉文翻译）

གནམ་གཤིས（囊系）天气 གནམ་འཐིབས（囊替）阴天

གནམ་དྭངས（囊堂）晴天 གནམ་གཤིས་ཚ་པོ（囊系 擦步）天气

གནམ་གཤིས་བསིལ་པོ（囊系丝步）天气爽

གནམ་གཤིས་གྲང་མོ（囊系长摸）天气冷

ཆར་པ་བབས（洽巴 爬）下雨

གནམ་གཤིས་ཡག་པོ（囊系哑步）好天气

གངས་བབས（扛爬）下雪

~~~~~~~~~~~~~~~~~~~~~~~~~~~~~~~~~~~~

ཚིག་གྲུབ། 句子 （藏文句子、汉文谐音、汉文翻译）

དེ་རིང་གནམ་གཤིས་ཡག་པོ་འདུག

（体仁 囊系 哑步读）今天天气很好。
~~~~~~~~~~~~~~~~~~~~~~~~~~~~~~~~~~~~

དེ་རིང་གནམ་གཤིས་ཚ་པོ་འདུག

（体仁 囊系 擦步读）今天天气很热。

ལྷ་སའི་གནམ་གཤིས་སྐྱིད་པོ་འདུག

（拉塞 囊系 机步读）拉萨的天气很舒服。

ལྷ་ས་ལ་ཆར་པ་མང་པོ་བབ་ཀྱི་རེད་པས།

（拉萨拉　洽巴　爬给日贝）在拉萨雨下得多吗？

ཆར་པ་མང་པོ་ཞེ་དྲག་བབ་ཀྱི་མ་རེད།

（洽巴 芒布习查 爬给麻日）雨下得不是很多。

ས་ཆ་གཞན་དག་གི་གནམ་གཤིས་ལྷ་ས་དང་གཅིག་པ་རེད་པས།

（萨恰　闲踏给　囊系　拉萨堂　季巴日贝）别的地方的天气和拉萨一样吗？

འདྲ་པོ་རེད།（扎布日）差不多。

གཞིས་ཀ་རྩེའི་གནམ་གཤིས་ག་འདྲས་ཡོད་རེད།

（喜噶孜　囊系　卡债　跃日）日喀则的天气怎么样？

ཡག་པོ་ཡོད་རེད།（呀布 跃日）很好。

ཆར་པ་བབ་ཀྱི་འདུག　ང་འདིར་ཏིད་ཙ་བསྡད་ན་འགྲིག་གི་རེད་པས།

（洽巴 爬给读，阿　得第杂　逮那　只楷日贝）正在下雨，我可以在这儿呆会儿吗？

ལྷ་སའི་ཉི་མ་ཚ་པོ་འདུག（拉塞尼玛 擦布读）拉萨的太阳很热。

ཉི་མ་ཚ་པོ་ཡོད་ཙང་ངའི་པགས་པ་ནག་པོ་ཆགས་ཞག

（尼玛 擦布跃脏 挨罢巴 那布恰下）因为太阳热，所以我的皮肤变黑了。

ལྷ་ས་ལ་ཞོགས་པ་དང་དགོང་མོ་གྲང་མོ་འདུག

（拉萨拉　穴巴堂巩末 长默读）拉萨的早晚有点冷。

དགུ་པ། མགྲོན་པོར་ཕེབས་པ།
九 做客

ཚིག་གསར། 生词 （藏文、汉文谐音、汉文翻译）

ཁང་པ（康巴）房子　　གཟིམ་ཁང（森康）房子（敬语）

སྙིང་རྗེ་པོ（宁杰步）漂亮　　རྒྱ་ཆེན་པོ（佳千布）宽敞

ཁ་ལག（喀拉）饭　　ཞལ་ལག（斜拉）饭（敬语）

ཇ（洽）茶　　གསོལ་ཇ（虽洽）茶（敬语）

སྣེ་ལེན་ཞུ（呢林修）接待　　ཁྱི（齐）狗

ཕ་ཡུལ（趴迁）家乡　　ཕ་མ（趴麻）父母

~~~~~~~~~~~~~~~~~~~~~~~~~~~~~~~~

ཚིག་གྲུབ། 句子 （藏文句子、汉文谐音、汉文翻译）

ཁྱེད་རང་གི་གཟིམ་ཁང་ལ་ཁྱི་ཡོད་མ་རེད་པཱ།

（漆让楷 森康拉 齐 跃麻日吧）您家里没狗吧！

ཡར་ཕེབས།　　བཞུགས་གདན་འཛགས།
~~~~~~~~~~~~~~~~~~~~~~~~~~~~~~~~

（芽佩 休点架）请进！请坐！

ཁྱེད་རང་གི་གཟིམ་ཁང་སྙིང་རྗེ་པོ་འདུག

（漆让楷 森康 宁杰步 读）您的房子很漂亮。

ཁྱེད་རང་གི་གཟིམ་ཁང་རྒྱ་ཆེན་པོ་འདུག

（漆让楷 森康 佳千布 读）您的房子很宽敞。

ཁོང་ཁྱེད་རང་གི་ཨ་མ་ལགས་རེད་པས།

（空 漆让楷 阿妈拉 日贝）她是您的母亲吗？

ཁོང་ཚོ་ཁྱེད་རང་གི་ཕ་མ་རེད་པས།

（空措 漆让楷 趴麻 日贝）他们是您的父母吗？

ཁྱེད་རང་གིས་བཟོས་པའི་ཞལ་ལག་ཞིམ་པོ་འདུག

（漆让楷 随杯 斜拉 欣布读）您做的饭好吃。

གསོལ་ཇ་ཞིམ་པོ་འདུག（虽洽 欣布读）您做的茶很好喝。

ཐུགས་རྗེ་ཆེ།　　ད་ཞུ་ཐུབ་པ་མིན་འདུག

（突击其 塔 修秃巴 民读）谢谢！已经吃不下了。

དེ་རིང་སྐྱིད་པོ་ཞེ་དྲག་བྱུང་།（体仁 机布 洗查 琼）今天过得很愉快！

ད་ང་ཚོ་དགོངས་པ་ཞུ་གི་ཡིན།

（塔 阿措 巩巴 修楷银）现在我们要告辞了。

ང་ཚོར་སྣེ་ལེན་ཡག་པོ་གནང་བར་ཐུགས་རྗེ་ཆེ།

（阿措 呢林哑步 囊吧 突击其）感谢（您）接待我们！

རྗེས་མ་ང་ཚོའི་ཕ་ཡུལ་ལ་ཕེབས་རོགས་གནང་།

（节玛 阿催 趴迁拉 佩若囊）以后请来我们家乡！

ངས་ཁྱེད་རང་ལ་སྣེ་ལེན་ཞུས་ཆོག།

（挨 漆让拉 呢林修却）我来接待您！

ངའི་ཕ་ཡུལ་ལ་སྐྱིད་པོ་ཞེ་དྲག་ཡོད་རེད།

（唉趴迁拉 机布习查 跃日）我的家乡很舒服。

བཅུ་པ། ཁ་པར་གྱི་སྐོར།
十　打电话

ཚིག་གསར། 生词　（藏文、汉文谐音、汉文翻译）

ཁ་པར（喀吧）电话、手机
ཁ་པར་རྒྱག（喀巴 甲）打电话
ཨང་གྲངས（肮畅）号码
བརླགས（辣）弄丢了
རྙེད（聂）找到
འཕྲོ་བརླག་ཕྱིན（戳辣沁）坏了
གློག（落）电
གློག་རྫས（落载）电池
གསལ་པོ（塞布）清楚

～～～～～～～～～～～～～～～～～～～～～～～～～～～～～～～～～～～

ཚིག་གྲུབ། 句子　（藏文句子、汉文谐音、汉文翻译）

ཁྱེད་རང་གི་ཁ་པར་ཨང་གྲངས་ག་ཚོད་རེད།
（漆让楷 喀吧 肮畅 卡粹日）您的电话号码是多少？

ངས་ཁྱེད་རང་ལ་ཁ་པར་རྒྱབ་ན་འགྲིག་གི་རེད་པས།
（阿 漆让拉 喀吧 角那 只楷日贝）我可以给您打电话吗？

འགྲིག་དང་འགྲིག（只堂只）当然可以！

འགྲིག་གི་རེད།（只楷日）可以！

ཝའེ། ཁྱེད་རང་སུ་ཡིན།

（喂！ 漆让 诉银）喂！您是谁?

ཝའེ། ཁྱེད་རང་སྒྲོན་མ་ལགས་ཡིན་པས།

（喂！ 漆让 卓玛拉 银贝）喂！您是卓玛吗?

ང་སྒྲོན་མ་ཡིན།（阿 卓玛银）我是卓玛。

ཝའེ། ལིའི་ལགས་འདུག་གས།（喂！ 李拉读凯）喂！老李在吗?

འདུག ཁོང་འདུག（读 空读）在，他在。

ཝའེ། ལིའི་ལགས་སྐད་ཅིག་གཏང་རོགས་གནང་།

（喂！李拉 盖季 当若囔）喂！请叫一下老李。

ཐུགས་རྗེ་ཆེ། བཞུགས་ཨ།（突击其 修阿！）谢谢！再见！

ས་ཆ་འདི་ལ་ཁ་པར་འགྲོ་གི་མིན་འདུག

（洒洽 抵拉 喀吧 卓楷 民读）这个地方电话打不通。

ཁ་པར་གསལ་པོ་གོ་གི་མིན་འདུག

（喀吧 塞布 扩楷 民读）电话听不清楚。

ངའི་ཁ་པར་འཕྲོ་བརླགས་ཕྱིན་ཤག

（哎 喀吧 戳辣沁 下）我的电话坏了。

ཁ་པར་བཟོ་ས་ག་པར་ཡོད་རེད།

（喀吧 锁萨 卡巴 跃日）哪儿有修电话的?

ངའི་ཁ་པར་གྱི་གློག་རྫོགས་ཤག

（哎 喀吧楷 落 佐下）我的电话没电了。

ཁ་པར་གྱི་གློག་རྫས་ཉོ་ས་ག་པར་ཡོད་རེད།

（喀吧楷 落载 纽萨 喀吧 跃日）哪儿可以买电池？

ངའི་ཁ་པར་བརླགས་ཤག（哎 喀吧 辣下）我的电话弄丢了。

ངའི་ཁ་པར་རྙེད་བྱུང་།（哎 喀吧 聂琼）我的电话找到了。

………ལ་ཁ་པར་འགྲོ་གི་རེད་པས།

（………拉 喀吧 卓给日贝）能通电话吗？

ནག་ཆུ་ལ་ཁ་པར་འགྲོ་གི་རེད་པས།

（那曲拉 喀吧 卓给日贝）那曲通电话吗？

ངའི་ཁ་པར་གྱི་ཨང་གྲངས་རྒྱ་ནག་གི་རེད།

（挨喀吧其 肮畅 假那楷日）我的电话号码是内地的。

བཅུ་གཅིག་པ། མགྲོན་ཁང་ལ་སྡོད་པ།
十一 住宿

ཚིག་གསར། 生词 （藏文、汉文谐音、汉文翻译）

ཁང་མིག（康密）房间　　ཉལ་ཁྲི（捏尺）床

རྡོག་ཁྲེས（夺赤）行李　　མང་པོ（忙布）多

ཕོ་ཁེབས（坡给）被子

ཕོ་ཁེབས་འཐོལ་པ（坡给 推巴）多余的被子

གསང་སྤྱོད（桑倔）卫生间　　ཆུ་ཚ་པོ（丘擦布）热水

ཆུ་འཁོལ་མ（丘亏麻）开水　　གློག（落）电

ཤེལ་ཏོག（西跺）灯泡　　ཇ་དམ（洽烫）暖水瓶

གཟུགས་པོ་འཁྲུ（俗不处）洗澡　　ཨ་ཅོར（啊教）毛巾

གཙང་མ（脏麻）干净　　བཙོག་པ（佐巴）不干净

སོ་འཁྲུ（苏处）牙刷　　སོ་སྨན（苏免）牙膏

ཚིག་གྲུབ། 句子 （藏文句子、汉文谐音、汉文翻译）

བཀའ་འདྲི་ཞུ་ཡས་ཅིག་ཡོད།（嘎吱 修业 季跃）请问一下！

ཁང་མིག་སྟོང་པ་འདུག་གས།（康巴 东巴 读凯）有空房间吗？

ཁང་པ་སྟོང་པ་འདུག（康巴 东巴 读）有空房间。

~~~~~~

སྣེ་ལེན་པ།（接待员）

དགོངས་པ་མ་འཚོམ། ཁང་པ་ཚང་མ་ཁེངས་སོང་།

（贡巴麻丛 康巴 仓麻 炕松）对不起！房间都满了。

དགོངས་པ་མ་འཚོམ། ཁྱེད་རང་གི་ལག་འཁྱེར་ང་ལ་གཅིག་བསྟན་ན་འགྲིག་གི་རེད་པས།

（贡巴麻丛 漆让楷 拉期 阿拉季 掂那 只楷日贝）对不起！可以看一下您的证件吗？

~~~~~~

ཁྱེད་རང་གིས་འདིར་ཐོ་ཞིག་བསྐྱོན་རོགས་གནང་།

（漆让楷 叠 托细 君若囊）请在这儿登记一下！

ཁྱེད་རང་ཡུལ་སྐོར་སྐྱོ་པོ་ཡོང་བ་ཤོག

（漆让措 余郭 卓布 永瓦削）祝您旅游愉快！

ཉལ་ཁྲི་གཉིས་ཡོད་པའི་ཁང་པ་འདུག་གས།

（捏尺腻 跃杯 康巴 读凯）有两张床的房间吗？

ཉལ་ཁྲི་གཅིག་ཡོད་པའི་ཁང་པ་གཅིག་འདུག

（捏尺腻 跃杯 康巴 季读）有个单间。

དགོང་མོ་གཅིག་ལ་ག་ཚོད་རེད།

（巩膜 季拉 卡粹日）一个晚上多少钱?

~~~~~~~~~~~~~~~~~~~~~~~~~~~~~~~~~~~~~~

ང་ལ་ཇོག་ཁྲེས་མང་པོ་ཡོད།（阿拉 夺赤 忙布跃）我有很多行李。

ང་ལ་ཇོག་ཁྲེས་འཁྱེར་རོགས་གནང་དང་།

（阿拉 夺赤 其若囊堂）请帮我提一下行李。

ང་ལ་ཇོག་ཁྲེས་མང་པོ་མེད།

（阿拉 夺赤 忙布灭）我的行李不多。

ཁང་པའི་ནང་ཆུ་ཚ་པོ་ཡོད་རེད་པས།

（康杯囊 丘擦布 跃日贝）房间里有热水吗?

ཁང་པའི་ནང་ཁ་པར་ཡོད་རེད་པས།

（康杯囊 喀吧 跃日贝）房间里有电话吗?

ཞོགས་ཟས་ཡོད་རེད་པས།（穴塞 跃日贝）有早餐吗?

~~~~~~~~~~~~~~~~~~~~~~~~~~~~~~~~~~~~~~

ངའི་ཁང་པ་གཙང་མ་མིན་འདུག

（哎康吧 脏麻 民读 ）我的房间不干净。

ངའི་ཁང་པའི་གློག་ཡག་པོ་མིན་འདུག

（哎康杯 落 哑步 民读）我房间的电不好。

ངའི་ཁང་པའི་ཤེལ་ཏོག་འཕྲོ་བརླགས་ཕྱིན་ཤག

（哎康杯 西跺 戳辣沁下）我房间的灯泡坏了。

ཉལ་མགོ་འདི་བརྗེ་ན་འགྲིག་གི་རེད་པས།

（粘果抵 节那 只楷日贝）这个枕头可以换一下吗？

ང་ལ་ཕོ་ཁེབས་འཐོལ་བ་ཅིག་སྤྲོད་ན་འགྲིག་གི་རེད་པས།

（阿拉 坡给推巴季 寨那 只楷日贝）多给我一床被子，可以吗？

～～～～～～～～～～～～～～～～～～～～～～～～～～～～～～～～～～

ང་དེ་ལ་སྐྱིད་པོ་ཞེ་དྲག་བྱུང་།　　ཐུགས་རྗེ་ཆེ།

（阿抵拉 机布 洗查琼 突击其）我在这里过得很愉快！谢谢！

རྗེས་མ་ཡང་སྐྱར་མཇལ་ཡོང་།（节玛 养加结永） 以后再见！

བཅུ་གཉིས་པ། འཁྲིམ་འགྲུལ་ཡོ་བྱད།

十二 交通工具

ཚིག་གསར། 生词 （藏文、汉文谐音、汉文翻译）

མོ་ཏ（磨扎）汽车 སྤྱི་སྤྱོད་རླངས་འཁོར（机巨郎扩）公共汽车

ཏེ་སི（低司）的士 རི་ལི（日里）火车

གནམ་གྲུ（囊初）飞机 སྣག་སྣག（拔罢）摩托车

རྐང་འཁོར（刚廓）自行车 མོ་ཊའི་འབབ་ཚུགས（磨摘把醋）车站

རི་ལིའི་འབབ་ཚུགས（日里把醋）火车站

གནམ་གྲུའི་འབབ་ཐང（囊初把汤）机场

མོ་ཊའི་པ་སེ（磨摘八司）车票 རི་ལིའི་པ་སེ（日里巴丝）火车票

གནམ་གྲུའི་པ་སེ（囊初八司）机票 རྟ（搭）马

ལྷོ་ཁ（落喀）山南 ཉིང་ཁྲི（拧池）林芝

མངའ་རིས（阿日）阿里 ཆབ་མདོ（昌都）昌都

~~~~~~~~~~~~~~~~~~~~~~~~~~~~~~~~~~~~
~~~~~~~~~~~~~~~~~~~~~~~~~~~~~~~~~~~~

ཚིག་གྲུབ།　句子　（藏文句子、汉文谐音、汉文翻译）

ལྷ་སའི་ནང་ལོགས་ལ་ཏེ་སི་མང་པོ་ཡོད་རེད་པས།

（拉塞囊落拉　低司　忙布　跃日贝）拉萨市内的士多吗?

འདི་ནས་……བར་……ཡོད་རེད་པས།

（抵内……爬　……跃日贝）从这儿到………有吗?

འདི་ནས་འབྲས་སྤུངས་བར་སྤྱི་སྤྱོད་རླངས་འཁོར་ཡོད་རེད་པས།

（抵内　哲崩爬　机巨郎扩　跃日贝）从这儿到哲蚌寺有公交车吗?

འདི་ནས་ལྷོ་ཁ་བར་སྤྱི་སྤྱོད་རླངས་འཁོར་ཡོད་རེད་པས།

（抵内　落喀爬　机巨郎扩　跃日贝）从这儿到山南有公共汽车吗?

ལྷ་ས་ནས་ཉིང་ཁྲི་བར་གནམ་གྲུ་ཡོད་རེད་པས།

（拉萨内　拧池爬　囊初　跃日贝）从拉萨到林芝有飞机吗?

ལྷ་ས་ནས་མངའ་རིས་བར་གནམ་གྲུ་ཡོད་རེད་པས།

（拉萨内　阿日爬　囊初　跃日贝）从拉萨到阿里有飞机吗?

ལྷ་ས་ནས་ཆབ་མདོ་བར་གནམ་གྲུ་ཡོད་རེད།

（拉萨内　昌都爬　囊初　跃日贝）从拉萨到昌都有飞机。

~~~~~~~~~~~~~~~~~~~~~~~~~~~~~~~~~~~~

ཁྱེད་རང་གི་སྣུག་སྣུག་ང་ལ་ཅིག་གཡར་ན་འགྲིག་གི་རེད་པས།

（漆让楷　拔罢　阿拉季　压那　只楷日贝）您的摩托车借我用一下可以吗?

འདིའི་རྒྱུད་ལ་རྐང་འཁོར་གླ་ས་ཡོད་རེད་པས།
~~~~~~~~~~~~~~~~~~~~~~~~~~~~~~~~~~~~

（抵举拉 刚廓 啦洒 跃日贝）这附近有租自行车的吗？

ཉིན་མ་གཅིག་ལ་གཡར་གླ་ག་ཚོད་རེད།

（您玛季拉 压辣 卡粹日）一天的租金是多少？

ལྷ་ས་ནས་ས་གནས་གཞན་དག་ལ་ཕྱིན་ན་ལམ་ཁག་བདེ་པོ་ཡོད་རེད་པས།

（拉萨内 洒内 闲踏拉 沁那 廊喀抵布 跃日贝）从拉萨去其它地区的话路好走吗？

ལྷ་ས་ལ་སན་ལུན་（音译）མང་པོ་འདུག

（拉萨拉 三轮芒布读）拉萨有很多三轮车。

སན་ལུན། འདི་ནས……ལ་ཕྱིན་ན་ག་ཚོད་རེད།

（三轮！抵内……拉沁那 喀粹日）三轮！从这儿去……的话多少钱？

སན་ལུན། འདི་ནས་བར་སྐོར་ལ་ཕྱིན་ན་ག་ཚོད་རེད།

（三轮！抵内 八廓拉 沁那 喀粹日）三轮！从这儿去八廓街的话多少钱？

བཅུ་གསུམ་པ། སྣང་འཁོར་ལ་སྐྱོད་པ།

十三 打车

ཚིག་གསར། 生词 （藏文、汉文谐音、汉文翻译）

སླེབས（类）到达 ཐག་རིང་པོ（踏仁布）远

ཐག་ཉེ་པོ（踏聂布）近 མགྱོགས་པོ（决布）快

ག་ལེར（卡雷）慢

~~~~~~

ཚིག་གྲུབ། 句子 （藏文句子、汉文谐音、汉文翻译）

དགའ་ལྡན་དགོན་པ་ལ་འགྲོ་མཁན་གྱི་མོ་ཊ་ག་པར་ཡོད་རེད།

（嘎丹衮巴拉 浊粘楷 磨扎 卡巴 跃日）在哪儿有去甘丹寺的车？

~~~~~~

མོ་ཊ་འདི་སེ་ར་ལ་སླེབས་ཀྱི་རེད་པས།

（磨扎抵 丝热拉 类楷日贝）这车能到色拉寺吗？

ང་སེ་ར་ལ་འགྲོ་གི་ཡིན། ག་ཚོད་རེད།

（阿 丝热拉 浊楷银，卡粹日）我要去色拉寺，多少钱？

གསེར་ཁང་མགྲོན་ཁང་ལ་བཀག་རོགས་གནང་།

（丝康 准康拉 噶若囊）请在赛康宾馆停车。

～～～～～～～～～～～～～～～～～～～～～～～～～～～～～～～～～～～～～

མོ་ཊ་འདི་ལ་མི་ལྔ་བསྡད་ན་འགྲིག་གི་རེད་པས།

（磨扎抵拉 米阿 叠那 只楷日贝）这车可以坐五个人吗？

ངའི་ཅ་ལག་འདི་མོ་ཊའི་ནང་བླུགས་རོགས་གནང་།

（挨加拉抵 磨窄囊 录若囊）请把我的行李装进车里！

～～～～～～～～～～～～～～～～～～～～～～～～～～～～～～～～～～～～～

རེ་ལུའི་འབབ་ཚུགས་ལ་ཕྱིན་ན་ག་ཚོད་རེད།

（日路把醋拉 沁那 卡粹日）去火车站多少钱？

ང་གནམ་གྲུའི་འབབ་ཐང་ལ་འགྲོ་གི་ཡིན།

（阿 囊初把汤拉 卓楷银）我要去机场。

～～～～～～～～～～～～～～～～～～～～～～～～～～～～～～～～～～～～～

མོ་ཊ་མགྱོགས་ཙམ་གཏོང་ན་འགྲིག་གི་རེད་པས།

（磨扎 觉暂 当那 只楷日贝）车子开快一点，可以吗？

མོ་ཊ་ག་ལེར་གཏོང་ན་འགྲིག་གི་རེད་པས།

（磨扎 卡雷 当那 只楷日贝）车子开慢一点，可以吗？

ང་སླེབས་སོང་།　　ཐུགས་རྗེ་ཆེ།（阿 类松 突击其）我到了，谢谢！

ང་སླེབས་སོང་།　　ཐུགས་རྗེ་ཆེ།　　ཁྱེད་རང་ལ་པ་སེ་ཡོད་པས།

（阿类松， 突击其，漆让拉 巴丝跃贝）我到了，谢谢！ 您有发票吗？

བཅུ་བཞི་པ།　སྲོལ་རྒྱུན་དུས་ཆེན།

十四　传统节日

ཚིག་གསར།　生词　（藏文、汉文谐音、汉文翻译）

བོད་པའི་ལོ་གསར（陪别 罗萨）藏历新年

ས་ག་ཟླ་བ（萨噶达瓦）萨噶达瓦节

འཛམ་གླིང་སྤྱི་བསང（攒林 机桑）焚香节

དྲུག་པ་ཚེས་བཞི（楚巴 次习）转山节

ཞོ་སྟོན（雪顿）雪顿节

སྐར་མ་རི་ཤི（噶嘛 日齐）沐浴节

ལྷ་བབས་དུས་ཆེན（拉怕 推沁）神仙下凡节

དཔལ་ལྷའི་རི་ཁྲོད（别列日吹）吉祥天母节

དགའ་ལྡན་ལྔ་མཆོད（嘎丹 阿曲）燃灯节

དགུ་ཐུག（鼓突）驱鬼夜

ཚིག་གྲུབ། 句子 （藏文句子、汉文谐音、汉文翻译）

བོད་པའི་ལོ་གསར་ག་དུས་རེད།

（陪别 罗萨 卡退日）藏历新年是什么时候?

དུས་ཚོད་གཅིག་པ་མ་རེད།（腿催 记巴麻日）时间不一样。

ལྷ་ས་ལ་བོད་ཟླ་དང་པོའི་ཚེས་པ་གཅིག་ནས་བོད་པའི་ལོ་གསར་རེད།

（拉萨拉 陪达 堂背 次巴季内 陪别 罗萨日）在拉萨从藏历元月一号开始是藏历新年。

གཞིས་ཀ་རྩེ་ལ་བོད་ཟླ་བཅུ་གཉིས་པའི་ཚེས་པ་གཅིག་ནས་བོད་པའི་ལོ་གསར་རེད།

（喜嘎孜拉 陪达 旧腻背 次巴季内 陪别 罗萨日）在日喀则从藏历十二月一号开始是藏历新年。

ཉིང་ཁྲི་ལ་བོད་ཟླ་བཅུ་པའི་ཚེས་པ་གཅིག་ནས་བོད་པའི་ལོ་གསར་རེད།

（拧池拉 陪达 旧背 次巴季内 陪别 罗萨日）在林芝从藏历十月一号开始是藏历新年。

ང་བོད་པའི་ལོ་གསར་གཏོང་མྱོང་མེད།

（阿陪别 罗萨 东浓灭）我没过过藏历新年。

～～～～～～～～～～～～～～～～～～～～～～～～～～～～～～～～～～

བོད་པའི་ལོ་གསར་ལ་དམིགས་བསལ་ཁ་ལག་ག་རེ་ཡོད་རེད།

（陪别 罗萨拉 密塞喀拉 卡日跃日）在过藏历年时有什么特殊的食物吗?

ལོ་གསར་ཉིན་མ་ག་ཚོད་གཏོང་གི་རེད།

（罗萨 您麻 卡粹东楷日）过年时要过几天?

ཚེས་པ་གཅིག་ནས་བཅོ་ལྔ་བར་གཏོང་གི་རེད།

（次巴季内　旧啊爬　东楷日）从一号过到十五号。

དབྱིད་གསར་དུས་ཆེན་དང་གཅིག་པ་རེད་པས།

（记撒　腿芹堂　季巴　日贝）跟春节一样吗?

གཅིག་པ་རེད།（季巴日）一样的。

བཀྲ་ཤིས་བདེ་ལེགས།（扎西德勒）扎西德勒!

ཕྱེ་མར་མཆོད་དང་།（切玛　趣堂）请吃切玛!

～～

ཁ་ཟས་སྣ་མིན་སྣ་ཚོགས་ཡོད་རེད།

（喀塞　那民那措　跃日）还有各种各样的点心。

བསྐོལ་ལྡན་འཐུང་གི་རེད།（归单　通楷日）要喝青稞酒粥。

ལྷ་གསོལ་བྱེད་ཀྱི་རེད།（拉虽　漆楷日）还要拜神。

བཅོ་ལྔ་པ།　　ཞལ་གྱེས་པ།

十五　　告别

ཚིག་གསར།　生词　（藏文、汉文谐音、汉文翻译）

ཞལ་གྱེས（写其）告别　རྗེས་མ་མཇལ་ཡོང（节玛结永）以后再见

བྱ་བ་ལམ་འགྲོ（洽瓦朗竹）一切顺利

ཐུགས་འཇགས་གནང（吐假囊）保重　　རྗེས་སུ（及素）以后

～～～～～～～～～～～～～～～～～～～～～～～～～～～～～～～～～

ཚིག་གྲུབ།　句子　（藏文句子、汉文谐音、汉文翻译）

ང་སང་ཉིན་ལོག་འགྲོ་གི་ཡིན།（阿　桑您　罗主楷银）明天我要回去了。

ཁྱེད་རང་གིས་ངར་ཕྱག་རོགས་མང་པོ་གནང་བར་ཐུགས་རྗེ་ཆེ་ཞུ་རྒྱུ་ཡིན།

（漆让楷　阿　恰若芒布　囊瓦　突击其　修旧银）我要感谢您帮了我很多忙！

ང་ཚོ་རྗེས་སུ་ཡང་བསྐྱར་མཇལ་ཡོང་།

（阿措　节玛　养加　结永）我们以后再见！

ཁྱེད་རང་སྐུ་གཟུགས་ལ་ཐུགས་འཇགས་ཡག་པོ་གནང་རོགས།

（漆让　故素拉　吐假　亚布囊若）请您保重身体！

ཁྱེད་རང་བྱ་བ་ལམ་འགྲོ་ཡོང་བ་ཤོག

（漆让　洽瓦朗竹　永瓦穴）祝您一切顺利！

ཁྱེད་རང་ཕེབས་ལམ་ལ་སྐྱོ་པོ་ཡོང་བ་ཤོག

（漆让　配郎拉　卓布永瓦穴）祝您旅途愉快！

ཕེབས་ལམ་ལ་གཟབ་གཟབ་གནང་རོགས།

（配郎拉　洒洒　囊若）路上请小心！

ཁྱེད་རང་གཟིམ་ཁང་ལ་ཕེབས་རྗེས་ང་ལ་ཞལ་པར་ཅིག་གནང་རོགས།

（漆让 森康拉配及 阿拉 斜巴季 囊若）您到家给我来个电话。

ཕྱུག་ལས་ཡོད་ན་ཞལ་པར་གནང་རོགས།

（恰列跃那 斜巴囊若）有事请打电话。

བཅུ་དྲུག་པ།　གཉེན་ཚན།
十六　亲属

ཚིག་གསར།　生词（藏文、汉文谐音、汉文翻译）

སྤོ་བོ་ལགས（波我啦）爷爷、大爷

རྨོ་བོ་ལགས（摸我拉）奶奶、大娘

པཱ་ལགས（巴拉）父亲

ཨ་མ་ལགས（阿妈拉）母亲

ཅོ་ཅོག（纠较）哥哥

ཨ་ཅག（阿佳）姐姐

འོག་མ་བུ（我麻普）弟弟

འོག་མ་བུ་མོ（我麻普目）妹妹

ཨ་ཞང（阿乡）舅舅

ཨ་ཁུ（阿库）　叔伯

ཨ་ནེ（阿尼）姑姑

སྲུ་མོ（苏姆）　姨妈

ཚ་བོ（擦我）孙子、外甥

ཚ་མོ（擦目）孙女、外甥女

བཟའ་ཚང（撒仓）夫妻

བཟའ་ཟླ（撒达）爱人

མག་པ（麻巴）新郎

མནའ་མ（娜麻）新娘

ཕ་མ（趴麻）父母

སྤུན་མཆེད（奔七）亲戚

སྒྱུག་མོ（久目）岳母

སྒྱུག་པོ（久布）岳父

～～～～～～～～～～～～～～～～～～～～～～～～～～～～～～～～

ཚིག་གྲུབ། 句子 （藏文句子、汉文谐音、汉文翻译）

ངའི་ནང་ལ་མི་……ཡོད།（唉囊拉 米……跃）我家里有……人。

ངའི་ནང་ལ་མི་དྲུག་ཡོད།（唉囊拉 米楚跃）我家里有六口人。

ཁོང་ངའི་སྤོ་བོ་ལགས་རེད།（空哎 波我啦日）他是我的爷爷。

ཁོང་ཚོ་ངའི་ཕ་མ་རེད།（空措 哎趴麻 日）他们是我的父母。

ང་ལ་ཨ་ཅག་གཅིག་དང་འོག་མ་བུ་མོ་གཅིག་ཡོད།
（阿拉 阿佳季堂 我嘛普姆 季跃）我有一个姐姐和一个妹妹。

ང་ལ་ཅོ་ཅོག་དང་འོག་མ་བུ་མོ་མེད།
（阿拉 纠较堂 我嘛普目 灭）我没有哥哥和妹妹。

རྨོ་བོ་ལགས། ཁྱེད་རང་སྐུ་གཟུགས་བདེ་པོ་ཡིན་པས།
（摸我拉 切让故素 叠布 银贝）大娘！您身体好吗?

ཁོང་ངའི་བཟའ་ཟླ་རེད།（空哎 撒达 日）他/她是我的爱人。

ཁྱེད་རང་ལ་ཕྲུ་གུ་ཡོད་པས།（切让拉 步库 跃贝）您有孩子吗?

ཁྱེད་རང་ལ་ཕྲུ་གུ་ག་ཚོད་ཡོད།
（切让拉 步库 卡粹跃）您有几个小孩?

ཁོང་ཁྱེད་རང་གི་ཨ་མ་ལགས་རེད་པས།
（空 切让楷 阿妈拉 日贝）她是您的母亲吗?

མ་རེད།　　ཁོང་ངའི་སྲུ་མོ་ལགས་རེད།

（麻日　空哎　苏姆拉日）不是，她是我的姨妈。

ཁྱེད་རང་ལ་སྤུན་མཆེད་མང་པོ་འདུག

（漆让拉　奔七　芒布读）您有很多亲戚。

བཅུ་བདུན་པ།　མིའི་ལུས་ཁམས་ཀྱི་གྲུབ་ཆ།
十七　人体结构

ཚིག་གསར།　生词　（藏文、汉文谐音、汉文翻译）

名词	汉文谐音	敬语	汉文谐音	汉文翻译
གཟུགས་པོ→	（素布）	སྐུ་གཟུགས→	（故素）	身体
མགོ་བ→	（果）	དབུ→	（乌）	头
སྐྲ→	（扎）	དབུ་སྐྲ→	（乌扎）	头发
མིག→	（蜜）	སྤྱན→	（间）	眼睛
སྣ་ཁུག→	（那库）	ཤངས→	（象）	鼻子
ཁ→	（喀）	ཞལ→	（斜）	口，嘴
མཆུ་ཏོ→	（秋度）	ཞལ་མཆུ→	（斜秋）	嘴唇
ལྕེ→	（接）	ལྗགས་→	（甲）	舌头
སོ→	（索）	ཚེམས→	（涔）	牙齿
གདོང→	（懂）	ཞལ་རས→	（斜热）	脸
ཨ་མཆོག→	（安倔）	སྙན་མཆོག→	（埝倔）	耳朵

དཔུང་པ →（绷巴）肩膀　　མིད་པ་→（米巴）喉咙

བྲང་ཁོག→（长跨）胸口　ལག་པ→（喇巴）　ཕྱག→（恰）

མཛུ་གུ→（族库）　　ཕྱག་མཛུབ→（恰族）手指

སྙིང→（宁）　　མགྲུལ་སྙིང→（轨宁）心脏

གློ་བ→（罗瓦）肺　　མཆིན་པ→（亲巴）肝

ཕོ་བ→（坡瓦）胃　　གྲོད་ཁོག→（垂跨）

གསོལ་གྲོད→（虽垂）肚子　　སྒལ་པ→（改巴）

སྐུ་སྟོད→（姑队）背部　　སྐེད་པ→（给巴）

སྐུ་སྐེད→（姑给）腰　　རྐང་པ→（纲巴）

ཞབས→（侠）脚　　ཚིགས→（次）关节

པུས་མོ→（背木）　　ཞབས་པུས→（侠背）膝盖

～～～～～～～～～～～～～～～～～～～～～～～～～～～～～～～～～～～～～～

ཚིག་གྲུབ།　句子　（藏文句子、汉文谐音、汉文翻译）

ཀ　ཁྱེད་རང་སྐུ་གཟུགས་བདེ་པོ་ཡིན་པས།

（切让 故素 叠布银贝）您贵体好吗?

ཁ　ང་དེ་རིང་མགོ་བོ་ཏིད་ཙ་ན་གི་འདུག

（阿 体仁 果 迪杂 拿给读）今天我的头有点疼。

ཀ　བྱུས་ན་སྨན་ཁང་ལ་ཕེབས་དགོས་རེད།

（且那 冕康拉 配果日）那样的话要去医院。

ཁ　སྨན་བཟས་པ་ཡིན། （冕 塞巴银）已经吃药了。

~~~~~~

ཁྱེད་རང་གི་སྐྲ་རིང་པོ་ཞེ་དྲག་འདུག

（切让楷 扎 仁布 洗查读）您的头发很长。

ངའི་མིག་ཡག་པོ་མེད། （哎蜜 亚布灭）我的眼睛不好。

ངའི་ཁ་སྐམ་གྱི་འདུག" （哎喀 刚楷读）我的口很干。

ང་མིད་པ་བདེ་པོ་མི་འདུག

（阿 米巴 叠布民读）我的喉咙不舒服。

ཁྱེད་རང་པུས་མོ་ན་གི་འདུག་གས།

（切让 背木 那楷读楷）你的膝盖疼吗？
~~~~~~

བཅོ་བརྒྱད་པ།　　རྒྱུན་སྤྱོད་ཚིག་གྲུབ་འགའ།

十八　　常用句子

ཚིག་གྲུབ།　句子　（藏文、汉文谐音、汉文翻译）

ཁྱེད་རང་གིས་ང་ལ་རོགས་པ་གཅིག་གནང་ན་འགྲིག་གི་རེད་པས།

（漆让楷 阿拉 若巴季 囊那 只给日贝)您帮我一下,可以吗?

ཁྱེད་རང་གིས་རོགས་པ་གནང་བར་ཐུགས་རྗེ་ཆེ།

（漆让楷 若巴 囊瓦突击其）谢谢您的帮助!

～～～～～～～～～～～～～～～～～～～～～～～～～～～～～～～～～～～～

ཕེབས་ཨ།（配啊）在啊！再见!（在坐的人对要走的人说）

བཞུགས་ཨ།（修啊）走好！再见!（要离开的人对在坐的人说）

～～～～～～～～～～～～～～～～～～～～～～～～～～～～～～～～～～～～

དགོངས་པ་མ་འཚོམ།（贡巴 麻丛）对不起!

གའི་གནང་གི་མ་རེད།（凯囊楷 麻日）没关系!

～～～～～～～～～～～～～～～～～～～～～～～～～～～～～～～～～～～～

ཁྱེད་རང་ལ་བཀའ་འདྲི་ཞུ་ཡས་གཅིག་ཡོད།　འགྲིག་གི་རེད་པས།

（漆让拉 嘎只季 修压跃　只楷日贝） 请教您一下，可以吗?

མོ་ཏའི་འབབ་ཚུགས་ག་པར་ཡོད་རེད།

（磨摘把醋 卡巴跃日）车站在哪儿?

མོ་ཊའི་པ་སེ་ལ་གོང་ག་ཚོད་རེད།

（磨摘八司 拉 孔卡粹日）车票多少钱?

～～～～～～～～～～～～～～～～～～～～～～～～～～～～～～～～～～

ཁྱེད་རང་མཇལ་བས་དགའ་པོ་ཞེ་དྲག་བྱུང་།

（漆让 节喂 咖布 习查琼）见到您很高兴!

～～～～～～～～～～～～～～～～～～～～～～～～～～～～～～～～～～

འདི་ག་རེ་རེད།（底 卡日日）这是什么?

ཕ་གི་ག་རེ་རེད།（趴楷 卡日日）那是什么?

～～～～～～～～～～～～～～～～～～～～～～～～～～～～～～～～～～

ང་ལ་མིག་ཅིག་བསྟན་ན་འགྲིག་གི་རེད་པས།

（阿拉 米季 掂那 只楷日贝）给我看一下，可以吗?

～～～～～～～～～～～～～～～～～～～～～～～～～～～～～～～～～～

ཁྱེད་རང་སུ་ཡིན།（漆让 苏银）您是谁?

ཁོང་སུ་རེད།（空 苏日）他 / 她是谁?

～～～～～～～～～～～～～～～～～～～～～～～～～～～～～～～～～～

འདིའི་གཡས་གཡོན་ལ་དངུལ་ཁང་ཡོད་རེད་པས།

（底 业云拉 微康 跃日贝）这附近有银行吗?

དངུལ་སིལ་མ་ཅིག་བརྗེ་རོགས་གནང་།

（微 丝麻季 几若囊）请换个零钱!

འདིའི་གཡས་གཡོན་ལ་གསང་སྤྱོད་ཡོད་རེད་པས།

（底 业云拉 桑掘 跃日贝）这附近有厕所吗?

འདིའི་གཡས་གཡོན་ལ་མགྲོན་ཁང་ཡོད་རེད་པས།

（底 业云拉 准康 跃日贝）这附近有宾馆吗？

ཅ་ལག་བསྐུར་ས་ག་པར་ཡོད་རེད།

（加辣 姑洒　卡巴跃日）哪里有寄东西的地方？

ལག་རྟགས་འཚོང་ས་ག་པར་ཡོད་རེད།

（辣大 葱洒 卡巴跃日）哪里有卖礼物的地方？

གཙུག་ལག་ཁང་ལ་ག་འདྲས་སེ་འགྲོ་དགོས་རེད།

（租拉康 卡摘司　卓果日）大昭寺怎么走？

……ལ་ག་འདྲས་སེ་འགྲོ་དགོས་རེད།

（……拉卡摘司　卓果日）……怎么走？

གཙུག་ལག་ཁང་ག་པར་ཡོད་རེད།

（租拉康　喀巴 跃日）大昭寺在哪儿？

ཇོ་ཁང་ག་པར་ཡོད་རེད།

（却康　喀巴　跃日）大昭寺在哪儿？

ཁྱེད་རང་གིས་རྒྱ་སྐད་ཤེས་ཀྱི་ཡོད་པས།

（漆让楷　假盖 西给跃贝）您会说汉话吗？

ཁྱེད་རང་པར་ཅིག་རྒྱབ་ན་འགྲིག་གི་རེད་པས།

（漆让 八季 缴那 只楷日贝）可以给您照个像吗？

ཁྱེད་རང་ང་དང་མཉམ་དུ་པར་ཅིག་རྒྱབ་ན་འགྲིག་གི་རེད་པས།

（漆让阿堂 酿土 八季 缴那 只楷日贝）您可以跟我一起照个像吗?

~~~~~~~~~~~~~~~~~~~~~~~~~~~~~~~~~~~~

འདི་བཙོང་ཡས་རེད་པས།

（底 宗业 日贝）这是要卖的吗?

འདི་ང་ལ་བཙོང་ན་འགྲིག་གི་རེད་པས།

（底 阿拉 宗那 只楷日贝）这个可以卖给我吗?

བོད་རིགས་ཁ་ལག་གཙོ་བོ་ག་རེ་བཟའ་གི་རེད།

（陪日 喀拉佐 卡日 撒楷日）藏族主要吃什么?

བོད་རིགས་ཀྱིས་ཉ་ཤ་བཟའ་གི་རེད་པས།

（陪日楷 拿下 撒楷日贝）藏族人吃鱼肉吗?

~~~~~~~~~~~~~~~~~~~~~~~~~~~~~~~~~~~~

ལྷ་སའི་ཡུལ་ལྗོངས་སྙིང་རྗེ་པོ་འདུག

（拉腮于炯 拧杰布 读）拉萨的风景很美。

ལྷ་སའི་གནམ་གཤིས་ཡག་པོ་འདུག

（拉腮囊系　呀布读）拉萨的天气很好。

ལྷ་སའི་མཁའ་རླུང་གཙང་མ་འདུག

（拉塞咯龙　赃玛读）拉萨的空气很干净。

ང་ལྷ་ས་ལ་དགའ་པོ་འདུག（阿 拉萨拉 嘎布读）我喜欢拉萨。

~~~~~~~~~~~~~~~~~~~~~~~~~~~~~~~~~~~~

ང་ཇ་སྲུབ་མ་འཐུང་ཐུབ་གི་མེད།

（阿 恰酥麻 通 秃楷灭）我喝不了酥油茶。
~~~~~~~~~~~~~~~~~~~~~~~~~~~~~~~~~~~~

ང་……ལ་འགྲོ་མྱོང་། （阿 ……拉卓浓 跃）我去过……（地点）。

ང་ཆབ་མདོ་ལ་འགྲོ་མྱོང་།（阿 昌都拉 卓浓）我去过昌都。

ང་……ལ་འགྲོ་མ་མྱོང་།（阿……拉 卓麻浓）我没去过……（地点）。

ང་གཞིས་ཀ་རྩེ་ལ་འགྲོ་མ་མྱོང་།
（阿 喜嘎孜拉 卓麻浓）我没去过日喀则。

～～～～～～～～～～～～～～～～～～～～～～～～～～～～～～～～

ཁྱེད་རང་ག་པར་འགྲོ་གི་ཡིན།（漆让 卡巴 卓楷银）您去哪儿？

ང་བར་སྐོར་ལ་འགྲོ་གི་ཡིན།（阿 八郭拉卓楷银）我去八廓街。

～～～～～～～～～～～～～～～～～～～～～～～～～～～～～～～～

ཐུགས་རྗེ་ཆེ། ང་ཉོ་གི་མིན།（突击其 阿 扭楷眠）谢谢！我不买！

ཐུགས་རྗེ་ཆེ། ང་བཟའ་གི་མིན།
（突击其 阿 撒楷眠）谢谢！我不吃！

ཐུགས་རྗེ་ཆེ། ང་འཐུང་གི་མིན།
（突击其 阿 通楷眠）谢谢！我不喝！

～～～～～～～～～～～～～～～～～～～～～～～～～～～～～～～～

ཁྱེད་རང་ག་ནས་ཡིན།（切让 喀内银？）您是哪儿的？

ཁོང་ག་ནས་རེད།（空 喀内日）他／她是哪儿的？

ཁོང་ངོ་ཤེས་ཀྱི་ཡོད་པས།（空 喔西楷跃贝）认识他／她吗？

ངས་ཁོང་ངོ་ཤེས་ཀྱི་ཡོད།（哎空 喔西楷跃）我认识他／她。

ངས་ཁོང་ངོ་ཤེས་ཀྱི་མེད།（哎空 喔西楷灭）我不认识他／她。

ཁོ་གཉིས་གྲོགས་པོ་རེད། （扩腻 绰布日）他 / 她们俩个是朋友。

ཁོ་ཚོ་ཕ་ཡུལ་གཅིག་པ་རེད། （扩措 趴迁 季巴日）他 / 她们是老乡。

ང་ཚོ་ལྷ་ས་ལ་ཐེངས་དང་པོ་ཡིན།

（阿措 拉萨拉 听堂布银）我们第一次来拉萨。

ང་ལྷ་ས་ལ་ཐེངས་མང་པོ་སླེབས་མྱོང་།

（阿 拉萨拉 听芒布类浓）我来过拉萨很多次。

ཁྱེད་རང་ཕྱག་ལས་ག་རེ་གནང་མཁན་ཡིན།

（漆让 掐列 卡日囊堪银）您是做什么的?

ང་བྲེལ་བ་ཆ་པོ་ཡོད། （阿 赤瓦擦布跃）我很忙。

ཁོང་བྲེལ་བ་ཆ་པོ་ཡོད་རེད། （空 赤瓦擦布 跃日）他 / 她很忙。

ཁྱེད་རང་ལ་མོ་ཊ་ཡོད་པས། （漆让拉 磨扎跃贝）你有车吗?

ང་དང་ཁོང་མཉམ་དུ་འགྲོ་གི་ཡིན།

（阿堂空 念土卓楷银）我和他 / 她一起去。

ཁོ་གཉིས་ཐོན་སོང་།

（扩腻 沁松）他 / 她们俩走了。

རྒྱུན་སྤྱོད་ཚིག་གསར་ཕྱོགས་བསྡུས།

常用单词总结

（以藏文字母的顺序排列）

ཀ

ཀ་བ（噶瓦） 柱子　　ཀུ་ཤུ（孤修）苹果

ཀྲུང་ཧྭ（中华）中华　　ཀློག（落）读

དཀའ་ལས་ཁག（噶列卡）累　　དཀར་པོ（噶布）白色

དཀོན་པོ（绲布）稀少的　　བཀའ་འདྲི་ཞུ（嘎吱修）请问

བཀོག（过）摘、拔　　བཀོད་འདོམས（归动）指挥

བཀྱག（假）举、抬

བཀྲ་ཤིས་བདེ་ལེགས།（扎西得列）吉祥如意

བཀྲ་ཤིས་ལྷུན་པོ།（扎西伦布）扎什伦布（寺名）

བཀྲེས（制）饿（敬语）　　རྐང་གཅིག（刚季）一根

རྐང་པ（刚巴）脚　　རྐང་ཤུབས（刚绣）袜子

རྐང་བཙུགས་ནས（刚组内）故意地

ཀུབ་བཀྱག（估价）凳子、椅子　ལྐུགས་པ（估巴）傻子

ལྐུགས་ཚོད་ཚོད（估催催）傻乎乎　སྐད་གྲགས（该差）著名

སྐད་བསྒྱུར（该纠）口头翻译　སྐད་ཆ（该恰）话

སྐད་ཆ་བཤད（该恰谢）说话　སྐད་ཡིག（该亿）语文

སྐར་ཆ（噶恰）秒　སྐར་མ（噶玛）1 分钟　2 星星

སྐབས་རེ（噶日）有时候　སྐུ་རྐྱང（姑江）单身，单独（敬语）

སྐུ་ཁྲག（姑差）血、血压（敬语）སྐུ་མགྲོན（姑谆）贵宾（敬语）

སྐུ་ངལ（姑哀）休息（敬语）　སྐུ་འདྲ（姑闸）神像（敬语）

སྐུ་ཕྲེང（姑称）辈、世代（敬语）

སྐུ་ཚབ་（姑擦）代表、代替（敬语）

སྐུ་གཟུགས（姑素）身体（敬语）

སྐུད་པ（归巴）线　སྐེད་པ（给巴）腰

སྐྱ་ཐིང་ཐིང་（加厅厅）白茫茫　སྐྱག་རྫུན（加尊）谎话

སྐྱིད་པོ（机布）愉快，舒服　སྐྱེ་ཡུལ（机迂）出生地

སྐྱེལ་མ་བྱེད（机玛其）送行　སྐྱོན（军）缺点、毛病

སྐྱོན་བརྗོད（军掘）批评　སྐྲ（渣）头发

སྐྲངས（帐）肿大　བསྐུར（姑）寄、捎走

བསྐོལ（归）煮　བསྐོལ་ལྡན（归点）青稞酒粥　བསྐྱལ（接）送

བསྐྱར་སྐྲུན（加谆）重建、修复　བསྐྱར་སྦྱོང（加炯）复习

ཁ

ཁ（喀）口

ཁ་སྐོམས（喀攻）口渴

ཁ་རྒྱུན（喀郡）俗话

ཁ་ཏིག（喀地）苦的（味道）

ཁ་བཏགས（喀大）哈达

ཁ་ཐོར（喀脱）离散

ཁ་པར（喀巴）电话

ཁ་ཕྱོགས（喀确）方向

ཁ་བརྡ་བསླབ་བྱ（喀达拉恰）口头教诲

ཁ་བ་ཆུང（喀瓦琼）小雪（节气）

ཁ་བ་ཆེ（喀瓦切）大雪（节气）

ཁ་རྩོད་རྒྱག（喀最甲）争论

ཁ་ཟས（喀塞）点心、油炸

ཁ་ལག（喀拉）饭

ཁ་ལུད（喀绿）痰

ཁ་ཤས（喀谢）一些，几个

ཁ་ས་ཁ་ཉིན（喀萨喀您）前两天

ཁ་སུག་ལོག（喀素罗）栽跟头、摔倒

ཁ་སང（喀桑）上次

ཁག（咔）各种

ཁག་ཅིག（咔季）一部分

ཁག་པོ（咔布）难

ཁག་རུ་ཁག་རུ（咔如咔如）越来越难

ཁང་པ（康巴）房子

ཁང་མིག（康密）房间

ཁབ（克）针

ཁམ་བུ（康谱）桃子

ཁམས（抗）康区

ཁའི་ཉིན་ཀ（科您噶）前天

ཁ་ས（喀萨）昨天

ཁུ་བ（枯瓦）汁、汤

ཁེངས（坑）充满、挤满

ཁོང（空）他、她（敬语）

ཁོང་ཚོ（空措）他们、她们（敬语）

ཁོང་ཁྲོ་ལངས（空绰郎）生气（使人）

ཁྱད་ཆོས（切趣）特点

ཁྱད་པར（切巴）区别

ཁྱིམ་ཚང（亲仓）家庭

ཁྱེད་རྣམ་ཚོ（漆囊措）您们（敬语）

ཁྱེད་རང་ཚོ（漆嚷措）你们

ཁྱོན་བསྡོམས（群栋）总共

ཁྱོན་ནས（群内）根本、一点也、压根儿

ཁྲོམ་གཟིགས་ཁང（冲赛康）冲赛康

ཁྲ་ཆིལ་སྤྲི་ཆིལ（查起霸起）花花绿绿

ཁྲ་ཡོལ（查于）窗帘

ཁྲམ་པ（昌巴）骗子

ཁྲི（赤）万

ཁྲིད（吃）带领、教

ཁྲོན་པ（川巴）井

ཁྲོམ（冲）市场

མཁའ་འགྲོ་མ（喀卓玛）空行母（女神）

མཁའ་དམག（喀骂）空军

མཁལ་གྲུམ（喀纯）肾痛风

མཁྱེན（沁）会、知道（敬语）

འཁར་རྒྱུག（喀旧）手杖

འཁོན（昆）缠上、挂上

འཁོན་འཛིན་བྱེད（昆怎其）恨、结仇

འཁོར（扩）转动（自动）

འཁོར་གཞག（扩夏）探亲

འཁྱགས（恰）冷、冻

འཁྱགས་ཤུར་སློད（恰修略）滑冰

འཁྱེར（砌）携带　　འཁྲབ་གཞུང（插兄）剧本

འཁྲབ（插）表演　　འཁྲིས（叱）跟前、附近

འཁྲུག་པོ（处布）热闹、活跃

འཁྲུངས་ཡུལ（冲于）出生地、故乡（敬语）

~~~~~~~~~~~~~~~~~~~~~~~~~~~~~~~~~~

ག

ག་དུས（卡退）什么时候　　ག་འདྲས（卡债）怎么样

ག་ཚོད（卡粹）多少　　ག་རེ（卡日）什么

ག་རེ་བྱེད་ཀ（卡日其噶）干什么　　ག་ལེ་ཐད（卡里贴）慢走（敬语）

ག་ལེ་ག་ལེ（卡里卡里）慢的　　ག་ས་ག་ལ（卡萨卡拉）到处

གང་བྱུང་མང་བྱུང（扛琼忙琼）乱七八糟

གངས（扛）雪　　གངས་སྐྱོན（扛捐）雪灾

གངས་མ་ཆར（扛麻掐）雨夹雪　　གངས་རི（扛日）雪山

གངས་ལྷ་མེ་ཏོག（扛拉梅朵）雪莲花　　གད་རྒྱག（凯甲）扫地

གད་མོ་ཤོར（凯莫穴）笑（不自主）

གད་མོ་བགད（凯莫改）笑（自主）

གད་མོ་ཚེར་ཚེར（凯莫糍磁）笑眯眯

གའི་བྱེད་ཀྱི་མ་རེད（凯其给玛日）没关系
~~~~~~~~~~~~~~~~~~~~~~~~~~~~~~~~~~

གའི་གནང་གི་མ་རེད（凯囊给玛日）没关系（敬）

གལ་ཆེན་པོ（凯亲莫）重要的

གལ་སྲིད……ན（凯四……那）如果……的话

གུ་ཡངས་པོ（苦养布）宽敞　　གུང་སེང་གཏོང（孔桑东）放假

གེ་སར་རྒྱལ་པོའི་སྒྲུང（可萨节贝忠）《格萨尔王传》

གོ（扩）听见、懂得　　གོ་སྐབས（扩脸）机会、时机

གོ་རིམ（扩仁）步骤、次序　　གོང（孔）以上、上面

གོང་ཚད（孔菜）价格　　གོང་འཕེལ（孔胚）进步

གོན（捆）穿　　གོམ་པ་རྒྱག（孔巴甲）步行、迈步

གོམས་གཤིས（孔系）习惯、习俗　　གྲ་སྒྲིག（查制）准备

གྲྭ་པ（查巴）出家人　　གྲང་མོ（长莫）冷

གྲངས་ཉུང་མི་རིགས（长农米日）少数民族

གྲུམ་བུ（纯普）关节炎　　གྲུབ་ཆ（楚恰）组成部分

གྲུབ་འབྲས（楚债）成果、成绩　　གྲོ（绰）小麦

གྲོ་མོ（除莫）亚东（地名）　　གྲོ་ཞིབ（除系）面粉

གྲོ་མ་འབྲས་སིལ（除玛窄丝）人参果米饭

གྲོ་སོ་ཕྱེ་མར（除缩切玛）切玛（供品）གྲོགས་པོ（戳布）朋友

གྲོང་ཁྱེར（宠机）城市　　གྲོང་པ（宠巴）邻居

གྲོང་ཚོ（宠措）乡村、村子　　གྲོང་གསེབ（宠四）农村

གྲོངས（憧）死（敬语）　　གྲོལ（垂）散

གྲོས་བསྡུར་བྱེད（吹读其）讨论　　གླང་ཆེན（浪亲）大象

གླུ（露）山歌　　གླིང་ཀ་གཏོང（林卡东）过林卡

གླིང་བུ（柃普）笛子　　གླིང་བུ་གཏོང（柃普东）吹笛子

གླེན་རྟགས（柃大）傻样　　གློ་རྒྱག（罗加）咳嗽

གློ་འཇགས（罗甲）止咳　　གློ་ཚད་འཁྲི（罗菜赤）肺炎

གློག་བརྙན（落粘）电影　　གློག་ཤིང（落星）电线杆

དགའ་སྟོན（嘎吨）庆典　　དགའ་པོ（嘎布）爱、喜欢

དགའ་ཞེན（嘎辛）热爱　　དགའ་བསུ（嘎素）欢迎

དགུ（鼓）九　　དགུ་ཐུག（鼓兔）腊九粥

དགུང་ལོ（拱落）岁数（敬语）　　དགུན་ཁ（衮喀）冬天

དགེ་རྒན（给感）教师　　དགུས་ཉིན་ཀ（轨您噶）大大后天

དགོང་དག（拱踏）下午

དགོངས་པ་མ་ཚོམ（拱巴玛匆）别生气、别介意、对不起！

དགོངས་པ་ཞུ（拱巴修）请假　　དགོངས་པ་གནང（拱巴囊）准假

དགྲ་ཤ་ལེན（闸下林）报仇　　མགོ（果）头

མགྱོགས་པོ（角布）快、迅速　　གྲོན་ཆུང་བྱེད（纯琼其）节约

འགོ་ཁྲིད（果赤）领导（名词）

འགོ་ཁྲིད་བྱེད（果赤其巴）领导（动词）

འགྱུར་ལྡོག（九舵）变化（名）　　འགྲན་བསྡུར（展督）比赛（名）

འགྲོ（卓）去、走　　རྒན་འཁོགས（赶跨）老人

རྒན་གཞོན（赶寻）老少　　རྒྱ་སྐད（甲盖）汉语

རྒྱ་ཁྱོན（甲群）面积　　རྒྱ་ནག（甲那）内地

རྒྱ་མ（甲玛）秤、斤　　རྒྱ་ཐུག（甲吐）面条

རྒྱ་མཚོ（甲措）大海　　རྒྱ་རིགས（甲日）汉族

རྒྱ་ཡིག（甲亿）汉文　　རྒྱང་བསྒྲགས（奖诈）广播（名）

རྒྱལ་ཁབ（节靠）国家　　རྒྱལ་པོ（节布）国王

རྒྱལ་དར（节塔）国旗　　རྒྱལ་ས（节萨）首都

རྒྱུ་མཚན（久参）原因、理由　　རྒྱུགས་ཤར་སློད（古瞎率）跑步

ལྒང་ཕུག（岗铺）气球　　སྒྲིག་འཛུགས་བྱེད（只租切）组织（动）

སྒྲིག་ལམ（只廊）纪律　　སྒྲིག་ལམ་སྲུང（只廊送）遵守纪律

སྒོ（裹）门　　སྒོར་གཞས（裹卸）锅庄舞

སྒྱུ་རྩལ（九载）艺术　　སྒྲ（闸）声音

སྒྲོག་ཙེ（桌子）桌子

བརྒྱ（甲）百

བརྒྱད་པ（节巴）第八

རྒྱབ་ལོགས（角落）后面

བསྒུགས（鼓）等候

～～～～～～～～～～～～～～～～～～～～～～～～～～～～～～～～～～～～～～

ང།

ང་ཚོ（阿措）我们

ངང་རྒྱུད་རིང་པོ（昂巨 仁布）耐心

ངན་པ（俺巴）坏的

ངལ་གསོ（艾梭）休息

ངལ་གསོ་རྒྱག（艾梭假）休息（动）

ངུ་ཤོར（屋穴）哭

ངེས（哎）记住

ངོ་མ（五玛）真正的

ངོ་ཚ（五擦）害羞

ངོ་ཤེས（五系）认识

ངོ་སྤྲོད（五坠）介绍

དངུལ（微）钱

དངོས་སྦྱོང（微窘）实习

དངོས་གནས（微内）真的

དངོས་གཞི（微习）正式的

མངགས（啊）委托

མངར་མོ（啊摸）甜的

ཛན་པ་安巴）零食

རྔུལ་ནག（微那）汗水

ལྔ（啊）五

ལྔ་བཅུ（啊就）五十

ལྔ་པ（啊巴）第五

སྔ་དགོང（微啊拱）早晚

སྔ་མོ（啊摸）从前

སྔོན་ལ（温拉）首先　　　　　སྔོ་ཐིང་ཐིང（喔厅厅）绿油油

སྔོ་ཚལ（喔猜）青菜　　　　　སྔོ་ཚོད（喔粹）野菜

སྔོ་སྨན（喔棉）草药　　　　　སྔོན་བརྡ（温达）预报

སྔོན་པོ（温拉）蓝色　　　　　བརྔས（唉）割、收割

~~~~~~~~~~~~~~~~~~~~~~~~~~~~~~~~~~~~

ཅ།

ཅ་ལག（佳拉）东西、物品　　　　ཅོ་ཅོག（纠倔）哥哥

གཅིག་གཅིག་གཉིས་གཉིས（季季腻腻）一五一十

གཅིག་གཉིས་ཙམ（季腻赞）一两个

གཅིག་པ（季巴）一样、同样

གཅིག་བྱས་ན（季且那）也许、可能

གཅིན་པ་གཏོང（今巴东）解小便　　གཅོད（句）砍断

བཅག（价）砸碎、打碎　　　　　བཅར（加）拜见

བཅུ（旧）十　　　　　　　　　བཅུ་པ（旧巴）第十

བཅོ་ལྔ（旧阿）十五　　　　　　བཅོ་བརྒྱད（旧节）十八

ལྕགས（价）铁　　　　　　　　ལྕགས་སྨྱུག（价拗）钢笔

ལྕགས་རི（价日）城墙

~~~~~~~~~~~~~~~~~~~~~~~~~~~~~~~~~~~~

ཆ།

ཆ（洽）双、对

ཆ་རྐྱེན（洽紧）条件

ཆ་སྒམ（洽岗）藏式柜子

ཆང（羌）青稞酒

ཆང་ཕུད（羌配）头酒

ཆང་སྣོད（羌内）酒坛子

ཆང་གཞས（羌谢）酒歌

ཆང་ས་རྒྱག（羌萨夹）结婚

ཆད（切） 断（自动）

ཆབ་མདོ（洽度）昌都（地名）

ཆབ་སྲིད（洽四）政治

ཆམ་པ（羌巴）感冒

ཆར་ཆུ（洽秋）雨水（节气）

ཆར་པ（洽巴）雨

ཆར་པ་བབས（洽巴爬）下雨

ཆར་ལི（洽里）雨衣

ཆུ་འཁོལ（秋亏）开水

ཆུ་འཁོལ་གྲང（秋亏常）凉开水

ཆུ་རྐྱལ་རྒྱག（秋节甲）游泳

ཆུ་རྒྱག་པ（秋甲巴）浇水

ཆུ་གཏོང（秋多）灌溉

ཆུ་འཐག（秋踏）水磨

ཆུ་བོ（秋我）河流

ཆུ་ཚད（秋菜）水平

ཆུ་ཚན（秋参）温泉

ཆུ་ཡུར（秋迂）水渠

ཆིག་སྟོང（气东）一千

ཆུང་ཆུང（琼琼）小的

ཆེ་ཆུང（七琼）大小

ཆེད་དུ（气土）为了

ཆེན་པོ（亲布）大

འཆམ་པོ（羌布）和睦、合得来

ཛ།

ཛ（袷）茶　ཛ་ཁུ（袷库）茶卤

ཛ་མངར་མོ（袷啊莫）甜茶　ཛ་དམ（袷堂）暖水瓶

ཛ་བག་ཅུང（袷爬琼）砖茶　ཛ་བསྲུབས་མ（袷酥麻）酥油茶

ཛག་པ（袷巴）强盗　ཛག་པ་རྒྱག（袷巴甲）抢劫

མཛལ（节）见（敬语）　འཛགས（夹）安息、平息

འཛམ་པོ（讲布）柔软、光滑　འཛམ་ཐིང་ཐིང（讲厅厅）静悄悄

རྗེས་མར（节玛）以后、后来

རྗེས་ལུས་ཐེབས（节律帖）落后、迟到　རྗེས་ཟིན（节森）赶上

ལྗིད་པོ（几布）重的　བརྗིད་ཉམས་དོད་པོ（几酿腿布）雄伟

~~~~~~~~~~~~~~~~~~~~~~~~~~~~~~~~~~~~~~

ཉ།

ཉ（拿）鱼　ཉལ（捏）躺着

ཉལ་ཁང（捏康）宿舍、卧室　ཉལ་ཁྲི（捏赤）床

ཉི་མ（尼玛）太阳、尼玛（人名）　ཉི་མའི་གུང（你咩孔）白天

ཉུང་ཉུང（浓浓）少的　ཉེ་དུས（尼退）近来

ཉེན་ཁ（您卡）危险　ཉེས་དག（尼踏）打（名）
~~~~~~~~~~~~~~~~~~~~~~~~~~~~~~~~~~~~~~

ཉོ་（纽）买　　ཉོ་ཚ་རྒྱག（纽恰甲）购物

ཉོལ（扭）躺下（命令）　　ཉོས（虐）买（过）

གཉིད་ཁུག（溺库）入睡　　མཉམ་གཞས（酿谢）合唱

མཉེས་པོ（腻布）高兴、喜欢（敬语）　　རྙིང་པ（宁巴）旧的

སྙིང（宁）心脏　　སྙིང་རྗེ་པོ（宁几布）漂亮、美丽

སྙུན་གཞི（咴习）病情（敬语）　　བརྙན་པར（捻巴）画报

~~~~~~~~~~~~~~~~~~~~~~~~~~~~~~~~~~~~~~~

ཏ།

ཏར（哒）电报　　ཏོག་ཙམ（多赃）一点、稍微

གཏམ་དཔེ་（当倍）谚语、俗话　　བཏང་ཡིག（当易）信件

བཏབ（到）播、种植　　རྟ（大）马

རྟ་རྒྱུགས（大就）赛马　　རྟག་པར（大巴）经常

རྟགས་མཚན（搭参）预兆、象征　　རྟེན་འབྲེལ（单只）喜庆、庆贺

ལྟོགས（跺）饥饿　　ལྟ་རྟོགས（哒跺）照顾

སྟབས་བདེ་པོ（到叠布）方便　　སྟབས་ཡག（到亚）幸亏、幸运

སྟོད་ཐུང（堆通）上衣　　བསྟོད་བསྔགས་བཏང（堆阿当）表彰

བསྟོད་གླུ་（堆卢）赞歌

~~~~~~~~~~~~~~~~~~~~~~~~~~~~~~~~~~~~~~~

ཐ།

ཐག་རིང་པོ（踏仁布）远

ཐན་པ་བརྒྱན（天巴颠）闹旱灾

ཐབ（套）炉子

ཐབ་ཚང（套仓）厨房

ཐལ་རླུང（帖龙）风沙

ཐུགས་ཁྲལ（吐拆）担心（敬语）

ཐུགས་བློ་བདེ（吐罗底）放心（敬语）

ཐུང་ཐུང（通通）短的

ཐེ་ཚོམ་ཟ（忒匆洒）犹豫

ཐོག་ཁ（拖卡）楼上

ཐོག་མ（拖玛）起初、首先

ཐོན་ཁུངས（吞控）出产

མཐའ་འཁོར（它扩）周围

མཐའ་མཚམས（它仓）边疆

མཐུན་སྒྲིལ（吞只）团结

མཐོ་པོ（秃布）高的

མཐོ་ཚད（秃菜）高度

འཐིབས（替）阴沉

འཐོན（饨）启程、出发

~~~~~~

ད།

ད་ཆ（塔恰）近来

ད་ལྟ（塔大）现在

ད་དུང（塔同）还有

དད་པ（铁巴）信仰

དུག（土）毒药

དུག་ལོག（土落）衣服

དེབ（忒）书

དུས་དེབ（腿忒）杂志
~~~~~~

དུས་ཚོད（腿脆）时间 དོན་དག（豚踏）事情

དོན་ངོ་མ（豚我玛）实际上 དྲན（缠）想念

གདུང་ཁེབས（懂慨）梁上的盖布

བདེ་སྐྱིད（地吉）幸福、德吉（人名）

ལྡེབས་བྲིས（得赤）壁画 སྡུག་རུས（读瑞）忍耐

སྡུག་སྲོག（读缩）狗命（贬）

~~~~~~~~~~~~~~~~~~~~~~~~~~~~~~~~~~~~

ན།

ན（拿）病、痛（动） ན་ཚ（拿擦）疾病

ནག་ཐིང་ཐིང（拿厅厅）黑黝黝 ནག་པོ（拿布）黑色

ནགས་ཚལ（拿猜）森林 ནང（囊）家、里面

ནང་དོན（拿屯）内容 ནང་བཞིན（囊新）一样、按这样

ནང་ལོགས（囊落）里面、内部 ནད་པ（内巴）病人

ནམ་མཁའ（南喀）天空 ནམ་རྒྱུན（南君）平时、平常

ནས（内）青稞 ནུབ་ཕྱོགས（奴却）西方

ནུས་ཤུགས（奴秀）能力、力量 ནོར（挪）错误、物品（名）

གནད་དོན（奈屯）问题、主题 གནམ་གང（囊扛）除夕
~~~~~~~~~~~~~~~~~~~~~~~~~~~~~~~~~~~~

གནམ་གྲུ（囊处）飞机　　　　　　　　གནམ་གཤིས（囊系）天气

གནས་ཚུལ（耐催）情况　　　　　　　　གནོད（耐）伤害、损害

མནའ་མ（那玛）新娘　　　　　　རྣམ་པ（囊巴）样子、形式、面貌

སྣ་ཁ（那喀）种类　　　　　　སྣ་ཁུག（那库）鼻子

སྣ་མིན་སྣ་ཚོགས（那民那措）各种各样

སྣང་ཆུང（囊琼）大意、歧视

སྣང་དག（囊踏）操心事、焦虑　　བསྣམས（因）拿、取（敬语）

~~~~~~~~~~~~~~~~~~~~~~~~~~~~~~~~~~

པ།

པ་ཕ（爸爸）父亲　　　　　　　　པ་ལགས（巴拉）爸爸

པ་སངས（巴桑）巴桑（人名）

པད་མ（白玛）莲花、白玛（人名）

པར（八）照片　　　　　　　　　པར་བརྒྱབ（八较）照相

པིར（笔）毛笔　　　　　　　　　པེ་ཅིན（北京）北京

དཔལ་འབྱོར（白决） 经济 、边觉（人名）

དཔེ་ཁུག（逼库）书包　　　　དཔེ་སྒྲོམ（逼准）书架、书柜

དཔེ་ཆ（逼恰）经书、书　　དཔེ་མཛོད་ཁང（逼最康）图书馆

པོ་ལོ（拨咯）球　　　　　　དཔྱིད་ཀ（机嘎）春天

སྤང་ལྗོངས（帮炯）草坪　　　སྤུ（布）毛
~~~~~~~~~~~~~~~~~~~~~~~~~~~~~~~~~~

སྤུ་གུ（布库）孩子
སྤེན་པ（边巴）边巴（人名）
སྤོ་བོ（波）大爷
སྤྱན（尖）眼睛（敬语）
སྤྱིར་བཏང（机当）一般
སྤྱི་ཟླ（机答）阴历的月份
སྤྲད（债）交给
སྤྲེའུ（知）猴子

སྤུན་མཆེད（奔器）亲属
སྤོས（被）藏香
སྤྱང་ཀི（江给）狼
སྤྱི་གླིང（机林）公园
སྤྱི་ཚོགས（机措）社会
སྤྲ（扎）猩猩
སྤྲིན་པ（真巴）云
སྤྲོ་པོ（啄布）愉快（敬语）

～～～～～～～～～～～～～～～～～～～～～～～～～～～～～～～～

ཕ།

ཕ་ཡུལ（趴迂）故乡
ཕན་ཐོགས（篇拓）利益
ཕར（怕）向那边
ཕུད（配）头等的

ཕན་པོ（篇布）有利的
ཕན་ཚུན（篇村）互相
ཕལ་ཆེར（瞥七）大概
ཕུན་ཚོགས（平措）平措（人名）

ཕུན་སུམ་ཚོགས་པོ（平松措布）圆满的
ཕུར་བུ（普布）普布（人名）
ཕུལ（陪）献给
ཕེབས（配）去、走（敬语）
ཕོ་བ（坡我）胃

ཕོ་བྲང（坡常）宫殿

ཕོགས（迫）薪水

ཕོར་པ（泼巴）碗

ཕྱག（恰）手（敬语）

ཕྱག་དངུལ（恰微）钱（敬语）

ཕྱག་དཔེ（恰逼）经书、书（敬语）

ཕྱག་བྲིས（恰赤）信（敬语）

ཕྱག་རོགས（恰若）帮助（敬语）

ཕྱག་ལས（恰类）工作、事情（敬语）

ཕྱི（期）外

ཕྱི་རྒྱལ（期节）外国

ཕྱི་སྒོ（期果）大门

ཕྱིན（沁）去、走

ཕྱུགས་རིགས（丘日）牲畜

ཕྱེད་ཀ（且嘎）半个

ཕྲ་པོ（叉布）细

འཕུར（扑）飞

འཕེལ་རྒྱས（胚节）发展

འཕྲུལ་འཁོར（吹扩）机器

~~~~~~~~~~~~~~~~~~~~~~~~~~~~~~~~~~~~~~~

བ།

བ་ཕྱུགས（爬求）奶牛

བང་མཛོད（旁最）仓库

བང་སོ（旁索）坟墓

བར་སྐོར（爬郭）八角街

བལ（排）羊毛

བུ（普）男孩儿

བུ་བཙོལ་ཁང（普居康）托儿所

བུ་མོ（普莫）女儿

བུ་རམ（普嚷）红糖

བོད（陪）西藏
~~~~~~~~~~~~~~~~~~~~~~~~~~~~~~~~~~~~~~~

བོད་སྐད（陪盖）藏话

བོད་ཀྱི་ལོ་གསར（陪给罗洒）藏历新年

བོད་ཐུག（陪吐）藏面　　བོད་ཡིག（陪易）藏文

བོད་རང་སྐྱོང་ལྗོངས（陪嚷君窘）西藏自治区

བོད་རིགས（陪日）藏族　　བྱ（恰）鸟

བྱང་ཕྱོགས（强巧）北方　　བྱམས་པོ（强部）慈祥

བྱས་ན（且那）那么　　བྱས་ཙང（且脏）所以

བྱིའུ（球）小鸟　　བྱེ་རིལ（其日）糖

བྱུགས（求 ）抹　　བྱེ་མ་ཀ་ར（起玛嘎热）白糖

བྲིས（赤）写　　བྲེལ་བ（赤瓦）忙

བྲོས（垂）逃跑　　བླངས（浪）取

བློ་གཅིག་སེམས་གཅིག（罗季森季）一心一意

དབང་ཆ（汪恰）权利　　དབུ（务）头（敬语）

དབུས（卫）中部　　དབྱར་ཁ（压喀）夏天

དབྱར་རྩྭ་དགུན་འབུ（压杂衮卜）冬虫夏草　འཕེལ་པོ（北步）丰富

འབྱོར（酒）到达　　འབྲས（窄）大米

འབྲུ་རིགས（逐日）粮食　　འབྲོག་པ（拙巴）牧民

འབྲོག་ལས（拙劣） 牧业 སྤགས（罢）糌粑团

སྦྱོང་བརྡར（窘达）练习

~~~~~~

མ།

མ་གའི（玛开）那边 མ་…གོང（玛…孔）未…之前

མ་བྱན（玛前）炊事员 མ་གཏོགས（玛堕）只、除…之外

མ་གཞི（玛系）本来嘛 མང་ཆེ་བ（芒其瓦）大多数

མང་པོ（芒布）多的 མར（麻）酥油、向下

མའི་ཉིན་ཀ（每您嘎）大前天 མི（米） 人

མི་གྲངས（米畅）人数 མི་འབོར（米博）人口

མི་དམངས（米忙）人民

《མི་དམངས་ཉིན་རེའི་ཚགས་པར》（米忙 您日 擦巴）人民日报

མི་དམངས་ཚོགས་ཁང་ཆེན་མོ（米忙 措康 亲摸）人民大会堂

མི་རིགས（米日）民族 མིག་ཤེལ（蜜西）眼镜

མིང་ཐོ་རྒྱག（名拖假）登记名单

མིང་དོན་མཚུངས（名豚枞）名副其实
~~~~~~

མིང་བཤེར་གཏོང（名西东）点名

མིན（民）不是（自称）

མུ་ཏིག（母地）珍珠

མུ་མཐུད（母退）继续

མུ་ཟི（母四）火柴

མེ་འཁོར་འབབ་ཚུགས（梅扩把醋）火车站

མེ་ཏོག（梅朵）花

མེ་གཏོང（梅东）生火

མེ་མདའ（梅达）枪

མེ་མདའ་རྒྱབ（梅达假）开枪

མེ་ཤོར（梅穴）失火

མེད（灭）没有（自称）

མེས་རྒྱལ（梅节）祖国

མེས་པོ（梅布）祖先

མོ་ཊ（磨扎）汽车

མོག་མོག（馍馍）馒头

དམག་རྒྱག（骂假）打仗

དམག་མི（骂米）军人

དམའ་པོ（玛布）低的、矮的

དམར་པོ（吗部）红色

རྨོ་བོ་ལགས（摸拉）奶奶、大娘

སྨན（棉）药

སྨན་ཁང（缅康）医院

སྨན་ཁབ་རྒྱག（棉靠假）打针

སྨན་གཏོང（棉东）服药

སྨན་བཅོས（棉巨）治疗

སྨན་རྩ（棉杂）草药

སྨྱུ་གུ（妞库）笔

ཙ།

ཙམ（暂）约

གཙང་མ（脏玛）干净

གཙང་སྦྲ（脏扎）卫生

གཙོ་བོ（佐）主要的

བཙོས（最）煮

རྩི་ཤིང（自星）植物

རྩིས（字）计算

རྩ་བ་ནས（杂瓦内）根本就

རྩྭ（杂）草

རྩོད་པ（咀巴）争论

རྩོམ་ཡིག（宗亿）作文、文章

བརྩོན་འགྲུས（尊坠）努力、勤奋

~~~~~~

ཚ།

ཚ་གྲང（擦昌）冷热

ཚ་གྲང་སྙོམ་པོ（擦昌浓布）不冷不热

ཚ་ཐིང་ཐིང（擦厅厅）热乎乎

ཚ་གདུག་འཚིག（擦度次）炎热

ཚ་པོ（擦布）热的

ཚ་བ་རྒྱས（擦瓦解）发烧

ཚགས་པར（擦巴）报纸

ཚང（仓）齐全

ཚང་མ（仓吗）大家、都

ཚན་རིག་（参日）科学

ཚར（擦）结束

ཚིག་མཛོད（次最）辞典

ཚུར་ལོག（醋罗）返回

ཚོགས་ཁང（措康）会议室、礼堂
~~~~~~

ཚོགས་འདུ（措读）会　　ཚོགས་འདུ་གྲོལ（措读垂）散会

ཚྭ（擦）食盐　　མཚམས་མཚམས་ལ（苍苍拉）有时候

འཚོལ་བ（猜瓦）寻找　　འཚོ་བ（搓瓦）生活

ཛ།

མཛུབ་མོ（组木）手指　　མཛེས་མ（子玛）美女

འཛིང་རེས་བཏང（怎日当）扭打　　འཛིན་གྲྭ（怎差）班级

འཛིན་གྲྭ་གྲོལ（怎差垂）下课　　འཛིན་གྲྭ་འཚོགས（怎差措）上课

འཛུགས་སྐྲུན（组谆）建设（名）　　ཛ་ཆས（杂切）陶器

ཛ་ཡུལ（杂于）察隅（地名）　　རྫོང（宗）县

ཝ།

ཝ་མོ（瓦母）狐狸　　ཝ་ཞྭ（瓦夏）狐狸皮做的帽子

ཝའི（喂）喂！

ཞ།

ཞ་སྨྱུག（峡拗）铅笔

ཞབས（峡）脚

ཞབས་དཀར་རྒྱག（峡踏甲）干杯

ཞབས་བྲོ（峡绰）舞蹈

ཞབས་བྲོ་རྒྱག（峡绰甲）跳舞

ཞལ་པར（斜巴）电话（敬语）

ཞལ་ལག（斜腊）饭（敬语）

ཞིབ་འཇུག（习旧）研究

ཞིབ་ཕྲ（习诧）仔细

ཞིབ་ཚགས（习擦）详细

ཞིམ་པོ（辛布）好吃的、好喝的

ཞུ་ཡིག（修亿）申请书

ཞེད（写）害怕

ཞོ་སྟོན（雪顿）雪顿节（酸奶节）

ཞྭ་མོ（峡模）帽子

ཞོག་ཁོག（削阔）土豆

ཞོག་ཁོག་མོག་མོག（削阔馍馍）土豆包子

གཞན་དག（闲踏）别的

གཞུང（雄）公家、政府

གཞུང་ཡིག（雄亿）公文

བཞའ་ཚན（峡参）潮湿

བཞུ（修）溶化

གཞོན་ནུ（寻奴）青年

བཞེངས（想）起立（敬语）

~~~~~~~~~~~~~~~~~~~~~~~~~~~~~~~~~~~~~
~~~~~~~~~~~~~~~~~~~~~~~~~~~~~~~~~~~~~

ཟ།

ཟ（洒）吃饭　　ཟ་ཁང（洒康）饭馆

ཟངས་ཆས（嗓切）铜器　　ཟེར་སྒྲོལ（死虽）说法

གཟབ་གཟབ（扫扫）注意、谨慎　　གཟའ་འཁོར（洒扩）星期、周

གཟའ་ཉི་མ（洒尼玛）星期天　　གཟའ་ཟླ་བ（洒达瓦）星期一

གཟའ་མིག་དམར（洒米玛）星期二

གཟའ་ལྷག་པ（洒拉巴）星期三

གཟའ་ཕུར་བུ（洒普布）星期四

གཟའ་པ་སངས（洒巴桑）星期五

གཟའ་སྤེན་པ（洒边巴）星期六

གཟིགས（似）⑴看（敬语）⑵买（敬语）

གཟིགས་སྐོར（似）参观（敬语）　　གཟིམ་ཤག（森夏）宿舍（敬语）

གཟུགས་པོ（素布）身体　　གཟེར་ཀར（丝嘎）钉子

གཟེར་ཀར་རྒྱག（丝嘎假）钉钉子　　བཟས（塞）吃（过）

བཟོ་གྲྭ（索查）工厂　　བཟོ་པ（索巴）工人

བཟོས（随）制造　　ཟླ་བ（达瓦）⑴月份⑵月亮

ཟླ་བ་ཡར་ངོ（达瓦压哦）上弦月　　ཟླ་དཀྱིལ（达吉）中旬

ཟླ་འགོ（达果）月初　　ཟླ་མཇུག（达就）月底

ཟླ་སྨད（达迈）下旬　　ཟླ་སྟོད（达队）上旬

ཟླ་བཤོལ（达学）闰月　　ཟླ་བཤོལ་ཡོད་པའི་ལོ（达学欲贝罗）闰年

ཟླ་ལྷག（达拉）闰月　　ཟློས་གར（堆卡）歌舞

~~~~~~~~~~~~~~~~~~~~~~~~~~~~~~~~~~

འ།

འ་རྩིས（呵字）哎　　འོ་ན（我那）那么

འོ་མ（我吗）牛奶　　འོག（哇）下面

འོང་སྐོར（王郭）望果节（游庄稼节）

འོད་ཆེམ་ཆེམ（微亲亲）光闪闪

འོད་ཐིང་ཐིང（微厅厅）亮晶晶　　འོད་མདངས（微档）光芒

~~~~~~~~~~~~~~~~~~~~~~~~~~~~~~~~~~

ཡ།

ཡ་མཚན（呀参）奇怪　　ཡག་པོ（亚布）好的

ཡག་རུ་ཡག་རུ（亚如亚如）越来越好　　ཡང（养）又、还

ཡང་པོ（养布）轻　　ཡང་བསྐྱར（养加）再次、又

ཡང་རྩེ（养字）屋脊 ཡང་ཡང（养养）常常、经常

ཡང་ཟེ（养丝）常常、经常 ཡན་ཆད（眼切）以上

ཡའི（也）也 ཡར（呀）向上

ཡར་ཀླུང་གཙང་པོ（雅龙藏布）雅鲁藏布江

ཡར་རྒྱས（芽节）进步 ཡར་ཕེབས（芽配）请进

ཡས་མས（也灭）上下 ཡིག་ཆས（一切）文具

ཡིག་ཚད（一菜）考试（名） ཡིག་ཚད་བཏང（一菜当）考试（动）

ཡིག་ལན（一联）回信 ཡིད་ཆེས་བྱེད（一器起）相信

ཡིད་དུ་འོང་བ（一图翁）美丽、可爱

ཡིན་གཅིག་མིན་གཅིག（引记民记）一定 ཡུལ་སྐད（于盖）方言

ཡུལ་ལྗོངས（于窘）风景 ཡུལ་པོ（于布）寂寞

ཡུལ་མི（于米）居民 ཡོ་བསྲང་（哟丧）纠正

ཡོང（泳）来 ཡོང་ང（泳阿）行、可以

ཡོད་ཀྱི་རེད（跃吉日）大概有 ཡོད་ད་ཡོད（跃它跃）当然有

ཡོད་པ་འདྲ（跃巴扎）好像有 ཡོན་ཏན（云颠）学问

གཡས་གཡོན（业晕）左右 གཡས་ཕྱོགས（业巧）右边

གཡོན་ཕྱོགས（晕巧）左边 གཡུ（玉）绿松石

ར།

ར（热）山羊

ར་བཟི（热丝）喝醉

རག（喏）获得、得到

རང（嚷）自己

རང་རྒྱལ（嚷节）我国

རང་སྦྱོང（嚷窘）自习

རང་མོས（嚷妹）自由

རང་རང（嚷嚷）各自

རན་པོ（染部）合身、合适

རལ（蕊）破裂（自动）

རས（日）布

རས་ཕད（日配）布袋子

རི（日）山

རི་ཀླུང（日砻）山川

རི་ཁུག（日库）山窝

རི་དྭགས་རྒྱག（日踏假）打猎

རི་མོ（日木）画儿

རིག་གནས（日内）文化

རིང་པོ（仁布）长

རིང་ཐུང（仁通）长短

རིའི་ལྡེབས（日叠）山坡

རིམ་པ（仁巴）级、层次

རུལ་པ（蕊巴）腐烂的

རུས་ཐང（蕊汤）骨头汤

རེ་རེ（日日）每个

རེ་གཉིས（日逆）一两个

རེ་འདུན（日蹲）希望

རོགས་པ（若巴）同伴、助手

རོགས་རམ（若嚷）帮助

རོལ་མོ（蕊母）音乐

རླུང་ལངས（隆廊）生气

རློན་པ（囵巴）湿的

བརླག（辣）丢失

~~~~~~~~~~~~~~~~~~~~~~~~~~~~~~~~~~~~

ལ།

ལ（垃）山

ལག་ཆ（垃恰）工具

ལག་པ（垃巴）手

ལག་རྩལ（垃灾）技术

ལག་རྟེད་པོ་ལོ（垃字拨咯）篮球

ལག་ཤུབས（垃秀）手套

ལག་ལེན་བྱེད（垃林其）实行

ལངས（廊）起立

ལན་བཏང（联当）捎话儿

ལབ（烙）说、告诉

ལམ་ཁ（廊喀）路

ལམ་གསུམ་མདོ་ཁ（廊松朵喀）三岔路口

ལམ་དངུལ（廊为）路费

ལམ་ནོར་ཐེབས（廊挪替）迷路

ལམ་སེང（廊森）马上、立刻

~~~~~~~~~~~~~~~~~~~~~~~~~~~~~~~~~~~~

ཤ།

ཤ（夏）肉

ཤ་ཁྱི（夏其）猎狗

ཤ་མོག་མོག（夏馍馍）肉包子

ཤ་སྨན（夏免）调料

ཤ་ཤེད（夏系）膘

ཤར（虾）东

ཤར་ཀུག（虾价）直接

ཤི（西）死

ཤིང（星）树、木头

ཤིང་སྒྲོམ（星肿）木架

ཤིང་ཏོག（星跺）水果

ཤིང་བཟོ་བ（星索瓦）木匠

ཤུགས（锈）力气

ཤེལ་ཁྲ（西叉）玻璃窗

ཤེལ་དམ（西汤）玻璃瓶

ཤེས་ཡོན（西云）知识

ཤོག་བུ（秀普）纸

ཤོད་ལ（穴拉）楼下

གཤེ་གཤེ་བཏང（西西当）骂人

ཤིང་བརྐོས་རྒྱག（星贵甲）木刻

ཤིང་ཆས（星切）木器

ཤིང་འབྲས（星宅）果实

ཤིང་ལེབ（星类）木板

ཤུགས་ཆེན་པོ（锈亲布）力气大

ཤེལ་སྒོ（西郭）镜子

ཤེས（系）会、知道

ཤོག（秀）来（命令）

ཤོད（穴）说（名令）

གཤམ་ལ（乡拉）以下、下面

བཤག་བཅོས་བྱེད（夏句且）手术

~~~~~~~~~~~~~~~~~~~~~~~~~~~~~~~~~~~~

ས།

ས（萨）土、土地

ས་ཁྲ（萨查）地图

ས་གདན（萨胆）地毯

ས་སྨྱུག（萨拗）粉笔

ས་ཁོངས（萨控）地域

ས་ཆ（萨洽）土地、地方

ས་སྣུམ（萨农）煤油

ས་གཞི（萨洗）大地
~~~~~~~~~~~~~~~~~~~~~~~~~~~~~~~~~~~~

ས་ཡ（萨呀）百万

ས་རུབ（萨入）黄昏

སང་ཉིན（桑您）明天

སི་པན（丝边）辣椒

སུ（素）谁

སུམ་བརྒྱ（松甲）三百

སུམ་བཅུ（松久）三十

སུམ་སྟོང（松东）三千

སུའི（虽）谁的

སེམས་ཀྱི་ཁྱད（森几切）心意

སེམས་སྐྱོ（森久）悲伤、焦虑

སེམས་ཁུར（森枯）关怀

སེམས་འགུལ（森姑）感动

སེམས་ཆུང་བྱེད（森琼且）虚心

སེམས་ཐག་གཙང་བཅད（森踏脏界）决心

སེམས་ཕམ་པོ་བྱེད（森 乓布且）遗憾、可惜

སེམས་འཚབ（森操）着急

སེམས་བཟང་པོ（森嗓布）善良、好心

སེམས་ཤོར（森修）迷住了、爱上了

སེར་པོ（丝布）黄色的

སེར་ཐིང་ཐིང（丝厅厅）金灿灿

སོ（索）牙齿

སོ་རྒྱག（索甲）咬

སོ་ནམ་པ（索囊巴）农民

སོག་རིགས（缩日）蒙古族

སོག་ལེ（缩里）锯子

སོན（孙）种子

སོན་གཏོར（孙多）播种

སོལ་ལ（虽拉）木炭

སྲ་མཁྲེགས（萨赤）坚硬

སྲན་མ（三玛）豌豆

སྲོང་བཙན་སྒམ་པོ（松赞干布）松赞干布（人名）

སླེབས（类）到达

སློབ་ཁང（罗康）教室

སློབ་ཁྲིད（罗赤）教学

སློབ་གྲྭ（罗查）学校

སློབ་གྲྭ་བསྡུ་བ（罗查读）招生

སློབ་གྲྭ་ཐོན་པ（罗查屯）毕业

སློབ་གྲོགས（罗绰）同学

སློབ་དེབ（罗忒）课本

སློབ་ཕྲུག（罗处）学生

སློབ་སྦྱོང（罗炯）学习（名）

སློབ་སྦྱོང་བྱེད（罗炯且）学习（动）

སློབ་ཚན（罗参）课、课文

སློབ་གསོ（罗素）教育（名）

སློབ་གསོ་རྒྱག（罗素甲）教育（动）

གསང་བ（桑瓦）秘密的

གསང་བ་བྱེད（桑瓦且）保密

གསར་འགྱུར་（萨纠）消息、新闻

གསར་པ（萨巴）新的

གསལ་པོ（塞布）清楚、明亮

གསུང་གཞས（松懈）歌（敬语）

གསུམ（松）三个

གསུམ་སྦྲོན་མཉེས་དག（松准匿踏）三口一杯

གསུམ་པ（松巴）第三

གསེར（丝）金子

གསོད（岁）杀死、熄灭（现、未）

གསོན་པོ（孙布）活的

གསོལ་ཇ（虽洽）茶（敬语）

གསོལ་བ་བཏབ（虽瓦到）祈祷（动）

གསོས（岁）育养（过）喂

བསངས་གཏོང（桑东）烧香

བསམ་འཆར（桑洽）意见

བསམ་བློ（桑罗）思想

བསམ་བློ་གཏོང（桑罗东）思考　བསིལ་པོ（丝布）凉快、凉爽

བསུས（碎）迎接（过）　བསླབ་བྱ（捞洽）教导（名）

～～～～～～～～～～～～～～～～～～～～～～～～～～～～～～～～～～～

ཧ།

ཧ་གོ（哈廓）懂、了解、知道　ཧ་ལས（哈列）惊人的

ཧ་སག་ཁ་པ（哈萨克巴）哈萨克人　ཧབ་གང（号扛）一口（水）

ཧམ་པ（沆巴）霸道、假话　ཧམ་སྐྱུ（沆不）发霉长的绿毛

ཧམ་སྐྱུ་རྒྱག（沆不甲）发霉（动）　ཧུའེ་རིགས（回日）回族

ལྷ་ས（拉萨）拉萨（地名）

ལྷག་པ（拉巴）星期三、拉巴（人名）

ལྷག་པར་དུ（拉巴涂）特别是　ལྷག་མ（拉玛）剩余的、多余的

ལྷགས་པ（拉巴）风　ལྷན་རྒྱས（汗节）诸位、一起（敬语）

ལྷན་དུ（汗土）一起　ལྷན་པ（汗巴）补丁

ལྷན་པ་རྒྱག（汗巴甲）打补丁　ལྷམ་གོག（酣阔）鞋

ལྷོ་ཁ（罗卡）山南（地名）　ལྷོད་པོ（灰布）轻松的

～～～～～～～～～～～～～～～～～～～～～～～～～～～～～～～～～～～

ཨ།

ཨ་ཁ（阿卡）哎呀（可惜）

ཨ་ཅག（阿佳）姐姐

ཨ་ཅེ་ལྷ་མོ（阿几拉姆）藏戏

ཨ་མ་ལགས（阿妈啦）妈妈（敬）

ཨ་ལོང（阿龙）耳环

ཨང་དང་པོ（航堂布）第一

ཨང་རྩིས（航字）算术、数学

ཨམ་ཆི（安其）医生

ཨུ་སུག（乌素）袜子

ཨ་ཁ་ཁ（阿卡卡）哎呀呀

ཨ་ཅང་ཅང（阿江江）当然

ཨ་མ（阿妈）妈妈

ཨ་རག（啊热）白酒

ཨ་གསར（阿萨）喜新厌旧

ཨང་གི་ལོན（航给仑）及格

ཨམ་ཅོག（安倔）耳朵

ཨུ་ཚུགས（乌醋）坚持、勉强

ལྷ་ས་གྲོང་ཁྱེར་དང་ཉེ་གནས་ཀྱི་དགོན་པ་གཙོ་བོ།
拉萨市区及临近地区的主要寺院

གཙུག་ལག་ཁང་།（祖拉康）大昭寺

大昭寺位于拉萨城中心，坐东朝西，于公元 7 世纪由吐蕃赞普松赞干布的尼泊尔妃子赤尊公主主持建造，古建筑仍保持有尼泊尔的建筑风格，原来主供有赤尊公主随身请进的释迦牟尼 8 岁等身像，后来与小昭寺的主供佛像调换，目前，大昭寺的主供佛为唐朝文成公主请进的释迦牟尼 12 岁等身像，成为朝圣者的必拜圣地。环绕大昭寺便是拉萨著名的古商业街——八廓街。

ར་མོ་ཆེ།（热木其）小昭寺

小昭寺位于大昭寺北面，坐西朝东，距离八廓街约 500 米处。于公元 7 世纪由赞普松赞干布的唐朝妃子文成公主主持建造，因几经天灾人祸，原建筑已经不复存在，为后期修复建筑，原来主供有唐朝文成公主请进的释迦牟尼 12 岁等身像，后来与大昭寺的主供佛像调换，目前，小昭寺的主供佛为赤尊公主随身请进的释迦牟尼 8 岁等身像。

པོ་ཏ་ལ།（布达拉）布达拉宫

布达拉宫位于拉萨的红山顶上，布达拉宫为梵语音译，意为观世音菩萨的福田，松赞干布曾在此处修行过，最初为松赞干布的修行地和宫堡所在地。公元 17 世纪，在五世达赖喇嘛阿旺洛桑嘉措的旨意下，由第司桑杰嘉措主持扩建，其中的法王殿和观音殿（也称“帕巴拉康”）为早期佛殿，布达拉宫既是宫堡，又是佛殿，主供佛像为观音殿中的檀香木自然天成的圣观音佛像，世称“帕巴·罗克夏热”，为吐蕃时期的原物。

རྫོང་རྒྱབ་ཀླུ་ཁང་།（宗角禄康）宗角禄康

宗角禄康就位于布达拉宫背面，17 世纪第五世达赖喇嘛对布达拉宫进行扩建时，在此地取土而形成的人工湖，湖中央的孤岛上原为修行洞。为了祈降雨水，六世达赖喇嘛将此修行洞改建为龙王庙。八世达赖喇嘛将其扩建为三层楼高、四方各开一门的楼阁式的拉康，便是今天我们所看到的龙王殿。底层供有八龙王像，拉康墙上的壁画多以藏戏剧本、气脉修炼、各类神佛像为主。

བསྟན་རྒྱས་གླིང་།（丹杰林）丹杰林

丹杰林寺位于大昭寺的右前方 400 米处。被居民区环绕着，与次门林、功德林、次觉林称为拉萨“四林”（“林”为洲之意），公元 18 世纪，由六世第穆活佛阿旺德乐嘉措担任摄政期间始建。大殿曾供奉有以护法神孜吴玛波、马头明王、金刚橛、莲花生、白哈尔神为主的各种神像，十年浩劫中被毁坏，现已修复一新。

རྗེ་འབུམ་སྒང་།（吉崩岗）吉崩岗佛殿

吉崩岗佛殿位于大昭寺通向小昭寺的小道东边。由第五世达赖喇嘛亲自建造，主供佛像有宗喀巴大师的塑像以及十万尊陶制的小型持寿宗喀巴像。“吉”即为“吉–宗喀巴”，“崩”意为“十万”，“吉崩”意为十万宗喀巴佛像之意。

ལྕགས་པོ་རི། 加布日（药王山）

加布日位于布达拉宫广场西南处，距离布达拉宫 200 米。与红山西山头几近相连，最初松赞干布的妃子茹拥撒在此主持修建了“扎拉鲁谷石窟寺”，后来噶举派的大成就者汤东杰布在此修建了一座小庙堂。公元 17 世纪末，五世达赖喇嘛时期在加布日顶上修建了藏医学院，自此之后，汉文文献中称加布日为药王山。

བར་མ་རི་གེ་སར་ལྷ་ཁང་།（帕玛日格萨尔拉康）磨盘山关帝庙

帕玛日、玛布日（红山）和加布日是位于拉萨城中的三座小山，人们称之为佛教“三怙主”的魂山，即：帕玛日为文殊菩萨的魂山，玛布日为观世音的魂山，加布日是金刚手的魂山，其中，帕玛日顶上建有一座汉式建筑的关帝庙，于 1792 年摄政王达扎·旦白贡布活佛根据清中堂福康安的意愿出资修建。原庙堂的前堂供有关云长塑像，后堂供有文殊菩萨塑像。

མཚམས་ཁུང་དགོན།（仓姑衮）仓姑寺

该寺位于拉萨八廓街南面林廓路附近，属于尼姑庵，据说吐蕃时期为了防御拉萨吉曲河的洪水，在今寺庙主殿所在地挖出了一间窄小而犹如地窖的小屋，赞普松赞干布在此打坐修行。藏文里的“仓姑”意为“修行洞”。该寺大殿主供有官印母像、千手千眼观音像等佛像。

ཚེ་སྨོན་གླིང་དགོན་པ།（措美林衮）措美林寺

该寺位于八廓街外西北侧，属拉萨四大林之一。措美林坐北朝南，主体建筑为两个时期所建。东半部称为“白宫”，是第一世策默活佛阿旺楚臣于 1777 年担任摄政时主持兴建；西半部称“红宫”，为第二世策默活佛阿旺江贝主持兴建的。据称，该寺曾负责为清乾隆皇帝祈祷长寿，因而得名“措美林”（祈寿洲），主殿供奉有退敌天母像、孜吴玛波护法神像、灶神像等。

ཚེ་མཆོག་གླིང་།（次角林）次角林寺

在拉萨市区内，位于市驻地南、拉萨市河南岸本波日山西面，寺周围群山环绕，清泉流淌，风景极为优美。次角林原为一个静修岩洞。16 世纪初，高僧仁噶布曾静坐于该岩洞，1782 年，第八世达赖的良师噶钦益西坚赞加以维修扩建，主供大能仁佛（即释迦牟尼佛）。

སེ་ར་དགོན།（丝热 衮）色拉寺

色拉寺全称“色拉大乘寺”，藏传佛教格鲁派六大主寺之一。与哲蚌寺、甘丹寺合称拉萨三大寺。位于拉萨北郊 3 千米处的色拉乌孜山麓。明永乐十七年(1419)，宗喀巴弟子绛钦却杰兴建。寺内有结巴、麦巴、阿巴三札仓（经院）。其全盛期寺中有僧人 8000 余，规模仅次于哲蚌寺，寺中的马头明王殿是四方朝圣者必拜之所。

ནེ་ཕྱུང་རི།（米穷日）米穷日寺

米琼日位于拉萨北郊的米琼日半山腰上。 于 12 世纪祥 · 宇札巴的弟子饶强曲吉创立了米琼日寺，为尼姑寺，主要修持蔡巴噶举的仪轨。大概在 15 世纪宗喀巴在色拉曲定居住时，该寺僧众拜宗喀巴为上师，改为格鲁派。

ཆུ་བཟང་རི་ཁྲོད།（曲桑日追）曲桑日追

位于色拉寺附近，城关区娘热乡吉苏村三组，该寺于 1658 年由第司赤列嘉措创建。属于格鲁派，寺庙主供土旺佛（释迦牟尼佛），为僧尼混合寺。

ནོར་བུ་གླིང་ཁ།（罗布林卡）罗布林卡

罗布林卡俗称拉萨的颐和园，藏语意为“宝贝林园”，为历代达赖喇嘛的夏宫。始建于十八世纪 40 年代（七世达赖喇嘛阿旺格桑嘉措时期），是历代达赖喇嘛消夏理政的地方。每当夏日来临，达赖喇嘛便从布达拉宫转移到罗布林卡办公。其建筑以格桑颇章、金色颇章、达登明久颇章为主体，是西藏人造园林中规模最大、风景最佳的、古迹最多的典型藏式风格园林。

འབྲས་སྤུངས་དགོན། （哲蚌衮）哲蚌寺

哲蚌寺，座落于拉萨市西郊约十公里的根培乌孜山南坡的坳里，是格鲁派创始人宗喀巴大师的弟子降央曲吉扎西班丹于公元1416年创建。解放前，该寺僧众超过一万人，是藏传佛教最大的寺庙。哲蚌寺措钦大殿3层是强巴佛（未来佛）殿。内供强巴佛八岁时的等身巨形铜像，这尊强巴佛像是当年宗喀巴在世的时候由他亲自开光的，极为著名，亦名“强巴通追（见即解脱），是藏区朝圣者必拜之尊。

གནས་ཆུང་དགོན། （乃琼衮）乃琼寺

乃琼寺在拉萨市的哲蚌寺旁边。藏语中“乃”即“地方”意思，而“琼”是“小”的意思，乃琼寺意思就是哲蚌寺下的一个“小地方”。乃琼寺建于村居之间，公元八世纪，莲花大师将凶恶的乃琼多吉札丹降伏，将其变为藏传佛教的护法神。他便是法力无边的乃琼护法神，同时也保存下来一种降神的宗教仪式。

ཕུར་བུ་ལྕོག （普布觉）普布觉寺

位于拉萨市驻地以北、色拉寺后山东北侧山包。相传印度祖师达洽（12 世纪时人）的金刚橛（即三棱金刚杵）飞来西藏后就降落在这个小山包上，后来遂称此山包为“普布觉”。“普布”是金刚橛，“觉”就是角落，就是这个隆起的小山包角落。普布觉寺，由阿旺降巴于 1744 年得到当时执政者颇罗鼐（1689 ~ 1747）资助而修建。

རིགས་གསུམ་དགོན་པོའི་ལྷ་ཁང་།（日松贡布拉康）日松贡布寺

日松贡布是指集所有菩萨慈悲心于一体的观音菩萨、集所有菩萨知识于一体的文殊菩萨、集所有菩萨法力于一体的持金刚菩萨，也称“三怙主”。

大昭寺修建后，在东南西北各修建了一座日松贡布寺：东日松贡布寺位于清真寺附近，已毁；南日松贡布寺位于然巴官邸的东面，已修复，并依旧归甘丹寺所有；西日松贡布寺原先在宇拓桥附近，后迁至鲁固大门附近，重建后归直贡寺分寺羊日嘎寺所有；北日松贡布寺起初位于林廓路，后迁至小昭寺附近，现已得到整修。每一方的庙堂中主供三怙主圣像。

རྒྱུད་སྨད་པ།（局麦巴）下密院

从大昭寺往北走一公里就到该寺，与木如寺相连。下密院，藏语称“举麦扎仓”，是下部地区弘传密法之所，属藏传佛教格鲁派密院最高学府之一。下密院始建于 1433 年（藏历第七绕迥之水牛年），距今约五百七十年。系宗喀巴大师的八大弟子中的第七位杰尊·吉饶僧格所创建。在寺僧人主要修行密集金刚、胜乐金刚、大威德。

ཚལ་གུང་ཐང་།（蔡公堂）蔡公堂寺

位于拉萨市驻地以东拉萨河南岸的蔡公堂乡，距拉萨 10 公里。系向·尊珠扎巴于 1175 年（藏历第三绕迥之木羊年）建造的，为蔡巴噶举的主寺，北面的寺院为蔡寺，南面的经堂为公堂寺，合称蔡公堂寺。该寺每年藏历十五日有个“公堂花供”的，跳神的传统节日。

ཀུན་བདེ་གླིང་།（功德林）功德林寺

该寺建于公元 18 世纪第八世达擦·益西洛桑丹贝贡布担任摄政时期。寺中有 4 根长柱子、14 根短柱子，大殿内供奉有一层多高的第八世、第九世达擦活佛的银像，及第十世达擦活佛的金像等。贡德林寺现在只有两个殿堂，第一个殿堂也就是供香客求签的，主供白度母。

ཕ་བོང་ཁ།（帕崩卡）帕崩卡寺

该寺在拉萨北边娘热沟的半山腰上，松赞干布派遣大臣吞米·桑布扎赴印度学习文字。大臣即将返藏之际，赞普为在何处安顿这位劳苦功高的大臣而发愁。当他从玛布日山上俯视看见拉萨北郊有一处有块犹如乌龟的巨石，赞普就想在这巨石上为自己的大臣建所宫殿，于是工匠们用注入铁水的砖块垒城墙基，并用铁链围住，最终建成了一个九层楼高的宫殿。

吞米·桑布扎住在帕崩卡宫，依照古印度文创造了藏文的三十个字母，期间松赞干布避宫 3 年，向吞米·桑布扎请教大、小五明。

བཞི་སྡེ། （喜德）喜德寺

该寺在措美林寺的西面，是由蔡巴万户长嘎迪桑布为 4 名专门负责小昭寺香火的僧人所建。主殿供有观音菩萨八岁等身像和赤钦·丹巴饶杰金铜像、十三世达赖喇嘛汉银像、一层楼高的弥勒佛像、一人高的白度母像等。后该寺遭毁而成为废墟。

喜德寺自 14 世纪起作为热振寺的属寺和热振活佛的住锡地。清代咸丰帝期间，喜德寺又得到过一次扩建。

ཚེ་དཔག་ལྷ་ཁང་། （次巴拉康）次巴拉康

次巴拉康即无量寿佛殿，位于小昭寺南面，同小昭寺遥相呼应。据称该拉康是用建造小昭寺后剩余的土木建造的。该寺后来划归喜德寺所属和管理。该拉康主供一层多高装藏为尊胜诃子的无量寿佛像。信教群众认为如果绕着该佛像转经就可以消除所有的病痛。

མེ་རུ་རྙིང་པ། （木如宁巴）木如旧寺

木如旧寺近邻大昭寺，位于大昭寺的东边。由于吐蕃时期在拉萨东面划分了包括嘎如、木如、罗如嘎以及嘎瓦维等区域，而该寺刚好座落在木如，因而得名木如。该寺建于吐蕃时期（公元 820 年），在围绕着大昭寺的“八廓街”环绕的这一圈迷宫般的小道与街区中。

གྲྭ་བཞི་དགོན། （查细衮）扎基寺

该寺位于色拉寺南面 3 公里左右。该寺最初为噶举派寺院，第五世达赖喇嘛时期改宗格鲁派。

在吉仓活佛强央门朗时期，该寺得到扩建。由于该寺起初只有四个僧人，所以叫查细（藏文意为四名僧人）。

大殿中央供奉有长寿三尊、吉仓强央门朗、千手千眼观世音等像。东面的拉康中供奉有格萨尔王或大皇帝贤臣叫做“至仁王”的两尊塑像。据说有在这两尊塑像前进行抽签的习俗，而很早以前，签文都是汉字。吉仓活佛应大清皇帝之邀前往内地，返回时一位仙女尾随而来，当来到扎基寺所在位置时，活佛让她留在此处不许再跟，从此她就成为扎基寺的主尊——扎基拉姆即扎基仙女或女神，而之前的签文也改成了藏文。

བསམ་ཡས་དགོན། （桑耶衮）桑耶寺

桑耶寺位于西藏山南地区的扎囊县桑耶镇内，雅鲁藏布江北岸的哈布山下。它始建于公元 8 世纪，由吐蕃赞普赤松德赞主持，寂护大师和莲花生大师协助建造，距离泽当镇 38 公里，是藏传佛教史上第一座佛、法、僧三宝俱全的寺庙，也是西藏第一座剃度僧人出家的寺院。院落布局据说是仿照古印度婆罗王朝在摩揭陀所建的欧丹达菩黎寺为蓝本而建的。桑耶寺以象征须弥山的乌孜大殿为中心，在东南西北四面分别建造江白林、阿雅巴律林、强巴林、桑结林四座神殿，代表佛经中的四大洲，在四大洲的附近又建有参玛林等八座小神殿，代表八小洲，还有日、月两洲。

ཁྲ་འབྲུག་དགོན། （昌珠衮）昌珠寺

位于山南雅砻河东岸的贡布日山南麓，距乃东县约二公里。该寺建于吐蕃赞普松赞干布时期，据说文成公主曾在该寺驻足修行。帕竹政权时期，昌珠寺进行了大规模的维修和扩建。昌珠寺中藏有著名的观世音歇息式样的珍珠唐卡和酷似莲花生大师铜像以及释迦牟尼为主尊的缂丝唐卡。

སྨིན་གྲོལ་གླིང་། （敏珠林）敏珠林寺

敏珠林寺是卫藏地区宁玛派的三大寺之一，位于山南扎囊县境内，于 1676 年由宁玛派的著名伏藏大师德达岭巴·吉美多杰创建。 寺院坐西朝东，四面群山环抱，山清水秀，环境十分优美。

བཀྲ་ཤིས་ལྷུན་པོ། （扎什伦布）扎什伦布寺

扎什伦布寺是卫藏地区格鲁派四大由寺院之一。位于西藏日喀则地区的尼色日山下。1447 年由宗喀巴大师的弟子根敦主（第一世达赖喇嘛）始建，之后四世班禅罗桑却吉坚赞加以扩建。大殿两侧为弥勒殿与度母殿，寺院西侧有大弥勒殿，高达 27 米，为藏区现存最大的铜佛。另有历辈班禅大师的灵塔殿。

ཞྭ་ལུ་དགོན། （夏鲁衮）夏鲁寺

位于从日喀则到江孜的公路一侧山口内，距日喀则约三十多公里。根据寺史记载，为公元1087年吉尊西绕迥乃所建造。1320年，夏鲁万户长邀请西藏著名的佛学家布顿·仁钦珠（1290～1364）主持寺务，从而形成一个宗教派系——夏鲁派，也叫布顿派。1329年，夏鲁寺毁于一次大地震。1333年，在元朝皇帝的大力资助下，布顿大兴土木，对原寺加以扩建维修，元朝皇帝给予大量资助，并派去了汉族工匠，重建了现在这一规模的寺院。因此这座建筑具有浓郁的元代风格，而寺院的墙体和庭院，又都是传统的西藏风格，属于典型的汉藏合璧的建筑。

རྒྱལ་རྩེ་དཔལ་འཁོར་ཆོས་སྡེ།（江孜白居 衮）江孜白居寺

位于江孜县城东北隅，距拉萨南约230公里处，距日喀则东约100多公里处。白居寺始建于1418年，由江孜法王热丹宄桑帕出资修建，集聚萨迦、格鲁、布敦等各派和平共存于一寺，该寺原有16个扎仓。

白居寺是一座塔寺结合的典型的藏传佛教寺院建筑，寺中有塔、塔中有寺，寺塔天然浑成，相得益彰，它的建筑充分代表了十三世纪末至十五世纪中叶后藏地区寺院建筑的典型样式，也是其中唯一一座寺塔都完整保存，具有纪念碑性质的大型建筑群。

བོད་ལྗོངས་ལྗོངས་ནང་གི་ས་ཁུལ་ཁག་གི་མཚམས་སྦྱོར།
西藏区内的各地区简介

གཞིས་ཀ་རྩེ་（喜嘎孜）日喀则

地区名称：日喀则地区
里　　程：距拉萨 280 多公里
公共交通：长途客车
乘 车 点：拉萨西郊客运站

位于西藏自治区的后藏地区，辖区有日喀则、南木林、定结、萨迦、拉孜、定日、聂拉木、吉隆、谢通门、昂仁、仲巴、江孜、康玛、仁布、亚东、白朗、岗巴、萨嘎，共计十八个县。

主要景点：扎什伦布寺、夏鲁寺、江孜抗英宗山、帕拉庄园、白居寺、珠穆朗玛峰等。
特　　产：后藏氆氇、甜奶渣、鲜酥油陀等。

ལྷོ་ཁ་（罗喀）山南

地区名称：山南地区
里　　程：距拉萨 150 多公里
公共交通：长途客车
乘 车 点：拉萨西郊客运站

位于西藏自治区南部，雅鲁藏布江流贯该地区北部，喜马拉雅山横贯南部。辖乃东、桑日、扎囊、贡嘎、加查、琼结、曲松、洛扎、措那、隆子、措美、朗卡孜，共计十二个县。

主要景点：西藏第一座宫殿雍布拉康、西藏第一个村庄钦瓦达孜、第一座农田、桑耶寺、昌珠寺、藏王墓等。

特　　产：冬虫夏草、土鸡蛋、扎朗氆氇、杰德秀围裙等。

ནག་ཆུ་（那曲）那曲

地区名称：那曲地区

里　　程：距拉萨 326 公里

公共交通：火车、长途客车

乘 车 点：拉萨火车站、拉萨北郊客运站

位于西藏自治区北部，北面与新疆维吾尔自治区和青海省接壤，辖那曲、安多、聂荣、巴青、索县、比如、班卡、尼玛、嘉陵、申扎、双湖等九个县和一个特别行政区。地区机关驻那曲卡。

主要景点：羌塘草原、纳木措湖

特　　产：冬虫夏草、 羊羔皮、风干牛肉、干奶酪、鲜酸奶、牦牛肉、酥油等。

ཆབ་མདོ་（昌都）昌都

地区名称：昌都地区

里　　程：距拉萨 1062 多公里

公共交通：长途客车、飞机

乘 车 点：拉萨北郊客运站、拉萨贡嘎机场

位于西藏自治区东部，与四川省、云南省、青海省为邻，金沙江、澜沧江、怒江等三条大江，由北向南流经其境。辖昌都、贡觉、丁青、左贡、边坝、察雅、江达、八宿、洛隆、类乌齐、芒康等十一个县。

主要景点：强巴林寺、卡若遗址等。

特　　产：噶玛噶赤派唐卡、藏刀。

ཀོང་པོ་（贡布）贡布

地区名称：林芝地区

里　　程：距拉萨 464 多公里

公共交通：长途客车、飞机

乘 车 点：拉萨北郊客运站、拉萨贡嘎机场

西藏自治区东部尼洋河上游地方。辖林芝县、工布江达县、米林县、墨脱县、波密县、察隅县、郎县七个县。

主要景点：雅鲁藏布大峡谷、南迦巴瓦峰、巴松措、布久喇嘛岭寺。

特　　产：藏香猪、松茸等。

མངའ་རིས་（阿里）阿里

地区名称：阿里地区

里　　程：距拉萨 1600 多公里

公共交通：长途客车、飞机

乘 车 点：拉萨西郊客运站、拉萨贡嘎机场

在西藏自治区西部，地处喜马拉雅山和昆仑山之间，包括噶尔、日土、札达、普兰、革吉、改则、措勤七个县。

主要景点：冈仁波齐峰、玛旁雍措、札达土林。

特　　产：藏毯、普兰木碗等。

ལྷ་ས་གྲོང་ཁྲལ་སྤྱི་སྤྱོད་རླངས་འཁོར་འབབ་ཚུགས་ཀྱི་མིང་།
拉萨城区公交站站名

拉萨 1 路

去程：纳金路 – 林廓北路 – 娘热路 – 康昂东路 – 金珠路 – 火车站

回程：火车站 – 金珠路 – 康昂东路 – 娘热路 – 林廓北路 – 纳金路

拉萨 2 路

去程：琅赛花园 – 夺底路 – 林廓北路 – 林廓西路 – 罗布林卡路 – 德吉路 – 金珠路 – 阳光家园

回程：阳光家园 – 金珠路 – 德吉路 – 罗布林卡路 – 林廓西路 – 林廓北路 – 夺底路 – 琅赛花园

拉萨 3 路

单向行驶：纳金路 – 林廓北路 – 林廓西路 – 罗布林卡路 – 德吉路 – 金珠路 – 太阳岛 – 仙足岛 – 林廓东路 – 江苏路 – 新藏大路 – 纳金路赛花园

拉萨 4 路

单向行驶：纳金路 – 新藏大路 – 江苏路 – 林廓东路 – 仙足岛 – 太阳岛 – 金珠路 – 德吉路 – 罗布林卡路 – 林廓西路 – 林廓北路 – 纳金路

拉萨 5 路

去程：太阳岛 – 金珠路 – 江苏路 – 拉萨大桥 – 白定

回程：白定 – 拉萨大桥 – 江苏路 – 金珠路 – 太阳岛

拉萨 6 路

单向行驶：柳梧新区 – 金珠路 – 康昂东路 – 布宫广场 – 罗布林卡路 – 德吉路

拉萨 7 路

去程：慈松塘路 – 夺底路 – 林廓东路 – 北京路 – 娘热路–林廓北路 – 林廓西路 – 罗布林卡路 – 德吉路 – 金珠路 – 太阳岛

回程：太阳岛 – 金珠路 – 德吉路 – 罗布林卡路 – 林廓西路 – 林廓北路 – 娘热路 – 北京路 – 林廓东路 – 夺底路 – 慈松塘路

拉萨 8 路

去程：新藏大路 – 林聚路 – 北京路 – 布宫广场 – 罗布林卡路 – 职业技术学院

回程：职业技术学院 – 罗布林卡路 – 布宫广场 – 北京路 – 林聚路 – 新藏大路

拉萨 9 路

单向行驶：江苏东路 – 夺底路 – 当热路 – 鲁定路 – 金珠路 – 江苏路

拉萨 10 路

单向行驶：江苏路 – 金珠路 – 鲁定路 – 当热路 – 夺底路 – 江苏东路

拉萨 11 路

单向行驶：慈松塘路 – 夺底路 – 当热路 – 色拉路 – 林廓北路 – 娘热路 – 江苏路 – 新藏大路 – 藏热路

拉萨 12 路

单向行驶：藏热路 – 新藏大路 – 江苏路 – 娘热路 – 林廓北路 – 色拉路 – 当热路 – 夺底路 – 慈松塘路

拉萨 13 路

去程：夺底路 – 扎基路 – 娘热路 – 当热路 – 德吉路 – 罗布林卡路 – 鲁定路 – 柳梧新区

回程：柳梧新区 – 鲁定路 – 罗布林卡路 – 德吉路 – 当热路 – 娘热路 – 扎基路 – 夺底路

拉萨 14 路

去程：夺底路 – 林廓北路 – 娘热路 – 北京路 – 民族路 – 金珠路 – 火车站

回程：火车站 – 金珠路 – 民族路 – 北京路 – 娘热路 – 林廓北路 – 夺底路

拉萨 15 路

去程：柳梧大桥 – 金珠路 – 江苏路 – 林聚路 – 北京路 – 林廓东路 – 夺底路 – 夺底乡

回程：夺底乡 – 夺底路 – 林廓东路 – 北京路 – 林聚路 – 江苏路 – 金珠路 – 柳梧大桥

拉萨 16 路

去程：军区总医院 – 色拉路 – 林廓北路 – 林廓西路 – 北京路 – 水泥厂 – 东嘎村 – 109 国道 – 羊达乡

回程：羊达乡 – 109 国道 – 东嘎村 – 水泥厂 – 北京路 – 林廓西路 – 林廓北路 – 色拉路 – 军区总医院

拉萨 17 路

去程：新藏大路 – 江苏路 – 康昂东路 – 北京路 – 水泥厂 – 318 国道 – 雄巴拉曲

回程：雄巴拉曲 – 318 国道 – 水泥厂 – 北京路 – 康昂东路 – 江苏路 – 新藏大路

拉萨 18 路

去程：纳金路 – 林廓东路 – 江苏路 – 金珠路 – 109 国道 – 羊达乡

回程：羊达乡 – 109 国道 – 金珠路 – 江苏路 – 林廓东路 – 纳金路

拉萨 19 路

去程：太阳岛 – 金珠路 – 开发区 – 318 国道 – 达氏圣鹿

回程：达氏圣鹿 – 318 国道 – 开发区 – 金珠路 – 太阳岛

拉萨 20 路

去程：娘热路 – 北京路 – 江苏大道 – 江苏东一路 – 纳金路 – 纳金总站

回程：纳金总站 – 纳金路 – 江苏东一路 – 江苏大道 – 北京路 – 娘热路

拉萨 21 路

去程：区党校 – 当热路 – 民族路 – 北京路 – 林廓西路 – 林廓北路 – 娘热路 – 当热路 – 藏热路 – 纳金路

回程：纳金路 – 藏热路 – 当热路 – 娘热路 – 林廓北路 – 林廓西路 – 北京路 – 民族路 – 当热路 – 区党校

拉萨 22 路

单向行驶：娘热总站 – 娘热路 – 巴尔库路 – 雪新村路 – 林廓北路 – 娘热路 – 北京路 – 林廓东路 – 夺底路 – 慈松塘路 – 娘热路

拉萨 23 路

单向行驶：娘热路 – 慈松塘路 – 夺底路 – 林廓东路 – 北京路 – 娘热路 – 林廓北路 – 雪新村路- 巴尔库路- 娘热路 – 娘热总站

拉萨 24 路

去程：色拉寺 – 色拉路 – 慈松塘路 – 夺底路 – 扎基路 – 色拉路 – 林廓北路 – 林廓东路 – 江苏路 – 朵森格路 – 宇拓路 – 拉百 – 布宫广场 – 罗布林卡路 – 民族路 – 鲁定路 – 罗堆路 – 八一路 – 北京路 – 哲蚌

寺 – 蓝天路

回程： 蓝天路 – 哲蚌寺 – 北京路 – 八一路 – 罗堆路 – 鲁定路 – 民族路 – 罗布林卡路 – 布宫广场 – 拉百 – 宇拓路 – 朵森格路 – 江苏路 – 林廓东路 – 林廓北路 –色拉路 – 扎基路 – 夺底路 – 慈松塘路 – 色拉路 – 色拉寺